Andrew White

Der Pfarrer von Bagdad

Ein Leben für den Frieden

BRUNNEN
Verlag Giessen · Basel

Deutsch von Dr. Friedemann Lux

FSC
Mix
Produktgruppe aus vorbildlich bewirtschafteten Wäldern und anderen kontrollierten Herkünften

Zert.-Nr. SGS-COC-1940
www.fsc.org
© 1996 Forest Stewardship Council

www.brunnen-verlag.de
Umschlagfotos: Getty Images
Umschlaggestaltung: Ralf Simon
Satz: DTP Brunnen
Druck: GGP Media GmbH, Pößneck
ISBN 978-3-7655-1727-3

Inhalt

Dieses Buch ist folgenden Personen gewidmet:
Al, Alan, Jason, Jason und Peter
und allen meinen Freunden von GardaWorld:
Jeff, Frank, John, Martin und Tank,

den Projektleitern und dem Team in unserer Zentrale:
Del, Mick, Badger, Martin, Sean, Norrie,
Rollie und Taff sowie Natalie,
der internationalen Direktorin

Danke!

Diese Geschichte erzählt vom Kampf um den Frieden an vorderster Front an einigen der schwierigsten Orte der Welt. Nicht viel weniger schwierig war es, dieses Buch zu schreiben. Hier in Bagdad haben wir noch nicht einmal einen vernünftigen Internet-Zugang, aber mein Lektor, *Huw Spanner*, hat nicht lockergelassen, und ihm möchte ich als Erstes danken.

Als Zweites möchte ich zweien meiner engsten Mitstreiter für den Frieden danken. Beide sind Politiker und Männer des Glaubens – der eine ein Jude, der andere ein Muslim. Ohne *Rabbiner Michael Melchior* in Israel und *Dr. Mowaffak al-Rubaie* hier im Irak hätte es keine Geschichte für ein Buch gegeben.

Auch all meinen anderen Mitstreitern danke ich, besonders denen, die mit mir an der Front stehen: den anderen beiden Ecken des „Dreiecks", *Samir Raheem al-Soodani* und *Essam al-Saadi* im Irak und *Hanna Ishaq* in Israel/Palästina.

Ich danke all meinen Mitarbeitern in Großbritannien, meinem Kuratorium und meinen beiden Beraterteams auf beiden Seiten des Atlantiks, aber ganz besonders *Rosie Watt*, meiner Projektreferentin, die das Entstehen des Manuskripts koordiniert hat.

Alle, die in diesem Buch erwähnt werden, gehören zur Geschichte, und ich danke allen. Es ist unser Gebet, dass eines Tages endlich Frieden und Versöhnung in diese Region kommen mögen.

Bagdad, den 10. Oktober 2008
Andrew White

Vorwort von George Carey

Während meiner Jahre in Canterbury in England konnte ich bei mehreren Gelegenheiten mit Andrew White zusammenarbeiten.

Ganz besonders in Erinnerung geblieben ist mir, wie er mich als Mitstreiter für ein Projekt im Nahen Osten gewann: Er wollte die religiösen Führer des Nahen Ostens zusammenbringen, um die später so genannte „Erste Erklärung von Alexandria der religiösen Oberhäupter des Heiligen Landes" („First Alexandria Declaration of the Religious Leaders of the Holy Land") zu unterzeichnen – ein epochemachendes Dokument, das sehr viel Andrews unermüdlicher diplomatischer Vorarbeit verdankte.

Andrew ist ohne Übertreibung einer der bemerkenswertesten Menschen, die mir je begegnet sind. Mit seiner Intelligenz und überschäumenden Energie sowie seinem tiefen persönlichen Glauben wäre er in jedem Beruf ein Mann, mit dem man rechnen muss. Aber was ihn schier einzigartig macht, ist seine Fähigkeit, zu lieben und sich lieben zu lassen. Kinder vertrauen ihm. Bärbeißige alte Kirchenmänner vertrauen ihm. Seine Mitarbeiter schätzen ihn. Seine Worte sind oft sehr direkt, aber immer mit Humor und Herz gewürzt. Wenn es eine Gabe gibt, die ihn ganz besonders auszeichnet, dann ist es die Gabe der Freundschaft.

Der Wert dieses Buches liegt in dem, was es uns über die zentrale Rolle der Religion in jeder Diskussion über den Nahen und Mittleren Osten zeigt. Im säkularen Westen haben Politiker, Diplomaten und Soldaten eine fatale Neigung, die Bedeutung des Glaubens zu unterschätzen; in Ländern wie dem Irak kann man den Glauben unmöglich ignorieren. Andrew White genießt Vertrauen, wo andere Misstrauen ernten.

Ein Mann des Glaubens kann andere Männer des Glaubens erreichen.

Ich empfehle den Lesern dieses Buch von ganzem Herzen. Man kann daraus zutiefst lernen.

Lord Carey of Clifton
(103. Erzbischof von Canterbury)

Einleitung: Berufswunsch Narkosearzt

Als ich jung war, hatte ich absolut nicht vor, einmal im Nahen Osten zu arbeiten. Ich weiß noch, wie ich als Zehnjähriger meiner Lehrerin sagte, dass ich Narkosearzt und Priester werden wollte. Sie antwortete mir, dass man nur eines von beiden machen konnte und dass Priester bei mir sowieso nicht ging, da ich Baptist war und die Baptisten keine Priester hatten. Dabei hatte ich schon mein erstes Buch über Anästhesie gelesen (ja, ich war ein komisches Kind), und als ich sieben Jahre später mit der Schule fertig war, war mein einer großer Wunsch, an das „St. Thomas Hospital“ in London zu gehen und mich zum Assistenzarzt für Chirurgie ausbilden zu lassen.

Was ich nach dem Studium auch machte und in vollen Zügen genoss. Ich hatte nicht vor, die Welt der Medizin je zu verlassen; denn sie war noch schöner, als ich sie mir vorgestellt hatte. Aber eines späten Abends, als ich Bereitschaftsdienst für Herzstillstands-Patienten hatte, ging ich in den Krankenhausgarten, um zu beten. Auf der anderen Seite der Themse thronte Big Ben. Ich hatte meine Ausbildung erst vor Kurzem beendet, und ich erinnere mich, wie ich Gott für alles dankte, was er mir geschenkt hatte – dass ich mein Examen so gut bestanden und genau die Stelle bekommen hatte, die ich immer gewollt hatte, an genau dem Krankenhaus, zu dem es mich immer hingezogen hatte. Und dann fragte ich Gott, was ich als Nächstes tun sollte. Ich hoffte natürlich, er wollte, dass ich da weitermachte, wo ich gerade war. Doch zu meinem großen Erstaunen merkte ich, dass Gott mich woanders hinrief – in die Kirche, genauer gesagt: die Anglikanische Kirche.

Ich hatte null Lust, mich ordinieren zu lassen. Trotzdem ging ich zum Pfarrer von St. Mark's im Londoner Stadtteil

Kennington, der anglikanischen Gemeinde, wo ich wie viele andere Kollegen aus dem Krankenhaus den Gottesdienst besuchte. Er war einer der ruhigsten, weisesten und geistlichsten Menschen, die mir je begegnet sind, und er machte mir Mut.

Also bereitete ich mich auf den Weg zur Ordination in der Kirche vor. Ich erlebte die Herrlichkeit Gottes wie noch nie zuvor in meinem Leben. Die Gemeinde St. Mark's und die Gemeinschaft der Christen am St. Thomas Hospital vibrierten vor Leben. Wenn ich frühmorgens in den OP ging, war die Gegenwart Gottes so greifbar, dass ich mich oft wie im Himmel fühlte. Ich sang ihm den halben Tag lang Loblieder. Mit jeder Woche, ja fast mit jeder Stunde wuchs mein Wunsch, Pfarrer zu werden, und bald wollte ich nur noch eines vom Leben: ordiniert zu werden und Gott hauptberuflich zu dienen. Schließlich wechselte ich an die Theologische Fakultät in Cambridge und begann meine Ausbildung zum anglikanischen Geistlichen.

Das Theologiestudium fand ich nicht einfach. Vom Spirituellen her würde ich es als eine Art „Wüstenerfahrung" bezeichnen. Es fiel mir erheblich schwerer als meine Ausbildung im Krankenhaus – bis ich bei dem sehr charismatischen Professor Nicholas de Lange mein Studium des Judentums begann. Das Thema hatte mich schon als Kind fasziniert. Mein Vater hatte sich oft mit mir über das Judentum unterhalten, und es hatte eine internationale Dimension, die mich seit meinen letzten beiden Schuljahren interessierte und begeisterte.

Der damalige Rektor der Fakultät, Michael Amos, gehört zu den faszinierendsten Menschen, die mir je begegnet sind. Er führte mich nicht nur in Politik und Wirtschaft ein, sondern in meinen Mittagspausen saß ich in seinem Arbeitszimmer und hörte ihm zu, wie er die seriöseren Tageszeitungen mit uns Studenten durchging und uns aus theologischer Sicht in die großen Themen der Welt einführte[1]. Das Studium des Judentums gab mir die Gelegenheit, mich noch mehr in die Welt der internationalen Politik, vor allem aber in den Nahen Osten zu vertiefen.

Was den Nahen Osten betraf, hatte ich damals ein Schlüsselerlebnis. Es war eine typisch englische Affäre in Cambridge. 1988 beschloss die „Cambridge Inter-collegiate Christian Union“ (oder kurz: Ciccu, eine Art Studentengemeinde der verschiedenen Colleges), für ihren alle drei Jahre stattfindenden Missionseinsatz unter anderem Evangelisten der Organisation „Juden für Jesus“ einzuladen. Das Ziel: die Missionierung jüdischer Studenten. Dies führte zu großen Irritationen bei den praktizierenden Juden, die mich baten, zu intervenieren. Beide Seiten kannten mich und vertrauten mir – die Evangelikalen der Ciccu, weil ich an einem konservativ-evangelikalen Seminar studierte und der Vorsitzende ihres Missionsausschusses ein guter Freund von mir war (später sollte er sogar mein Trauzeuge werden), und die Juden, weil ich regelmäßig die jüdisch-orthodoxe Synagoge in Cambridge besuchte und dort zusammen mit ihnen auf Hebräisch betete.

Ich sagte meinen Mitchristen, dass der Versuch, jemanden dazu zu bringen, seine Religion zu wechseln, ein sehr gefährliches Unterfangen ist, das ohnehin nur dann Aussicht auf Erfolg hat, wenn man eine Beziehung zu diesem Menschen eingeht. Das Ende vom Lied war, dass die Ciccu ihre evangelistische Veranstaltung zwar durchführte, dabei aber sehr behutsam war, und dass sich anschließend jüdische und christliche Studenten zusammentaten und eine Organisation von Juden und Christen an der Universität Cambridge gründeten, die bald darauf ein Zweig des „Rates der Christen und Juden“ (CCJ) wurde. Es war nur eine Frage der Zeit, bis ich mich in der Leitung der Jugendsektion des „Internationalen Rates der Christen und Juden“ (ICCJ) wiederfand. Ich arbeitete eng mit Sir Sigmund Sternberg, dem Vorsitzenden des ICCJ, zusammen, von dem ich viel lernte.

Einen Teil meines letzten Cambridge-Studienjahres verbrachte ich als Gast in Jerusalem – an der Hebräischen Universität und an einer ultra-orthodoxen jüdischen „Jeschiwa" (höhere Talmudschule zur Ausbildung von Gelehrten und Rabbinern; d. Übers.). Es war ein prägendes Erlebnis – anders als alles, was ich bisher erlebt hatte. Zum ersten Mal befasste ich mich ernsthaft mit einer anderen religiösen Tradition – einer Tradition, die zudem die Wurzel meiner eigenen Religion war. Eigentlich war ich nach Jerusalem gegangen, um die Rolle Israels (der Menschen, des Landes und des Staates) im Denken der Christen zu studieren, aber es beeindruckte mich zutiefst, aus erster Hand zu erleben, wie diese Juden ihren Glauben praktizierten. So viel in ihrem Glauben kreiste um das rechte Tun und nicht den rechten Glauben – ganz anders als beim größten Teil der Christenheit. Von Menschen, die sehr wenig über das Judentum wussten, hatte ich oft gehört, dass das Judentum eine reine Gesetzesreligion sei. Was ich jetzt erlebte, war, dass die 613 Mitzwoth (Gebote) nur das eine Ziel hatten: Gott zu gefallen.

Hier in Jerusalem lernte ich auch mehrere islamische Persönlichkeiten gut kennen, womit mein Studium des Islam begann.

Bei meinem zweiten Besuch in Jerusalem, zwischen meinem Examen in Cambridge und meiner Ordination, schickte mich ein ultraorthodoxer Rabbiner zu einer Frau, die als Schwester Ruth Heflin bekannt war und die eine sehr charismatische und ziemlich amerikanische Gemeinde leitete („Mount Zion Fellowship"). Sie entpuppte sich als die energischste Persönlichkeit, der ich bis dahin begegnet war. Ehrlich gesagt: Sie machte mir Angst. Am Ende des ersten Gottesdienstes, den ich besuchte, in ihrem Haus in Ostjerusalem, kam sie zu mir und begann, über mir zu prophezeien. Sie hatte mich noch nie vorher gesehen und wusste nichts über mich, aber sie erklärte, dass es meine Lebensaufgabe sei, „den Frieden Jerusalems und des Nahen Ostens zu suchen". Ich wusste damals nicht, was ich darüber denken sollte (und es wäre mir nicht in den Sinn gekommen, dass mit dem Nahen Osten auch der Irak gemeint war). Aber ich spürte, dass ihr Haus voll von der Herrlichkeit Gottes war, wie ich es noch nirgends erlebt hatte.

Nach England zurückgekehrt, wurde ich 1990 in einem bewegenden Gottesdienst in der „Southwark Cathedral" in London ordiniert, worauf ich meine erste Stelle als Vikar an der St. Mark's Church in Südlondon antrat. In dieser Zeit heiratete ich auch die wunderbarste (und toleranteste) Frau, die ich je kennengelernt habe. Zum ersten Mal hatte ich sie gesehen, als ich auf der Kanzel stand und predigte. Was ich da sah, gefiel mir so ausnehmend gut, dass ich nach dem Gottesdienst zu ihr trat und die mir völlig Unbekannte fragte, ob sie mir helfen könnte, ein Missionsprojekt zu organisieren. Sechs Wochen später machte ich meiner Caroline den Heiratsantrag.

Getraut wurden wir von Donald Coggan, vormals Erzbischof von Canterbury, der mein großer Mentor geworden war. Jedes Mal, wenn wir uns trafen, sagte er zum Abschied: „Wage was im Leben!" Diese Worte habe ich nie vergessen.

Mein Engagement im jüdisch-christlichen Dialog ging weiter. (Meine Tätigkeit als Anästhesist auch, obwohl jetzt mehr als Hobby. Jede Woche ging ich an meinem freien Tag ins St. Thomas Hospital und assistierte als freiwilliger Helfer bei Operationen; ich glaube, heute geht so etwas nicht mehr.) Ich reiste regelmäßig ins Ausland und immer häufiger in den Nahen Osten. Ich vertiefte auch meine Bekanntschaft mit dem Islam – zuerst in Afrika, zum Beispiel in Kenia und Nigeria. Ich wusste: Wenn ich eine Rolle im Nahen Osten spielen sollte, musste ich nicht nur das Judentum, sondern auch den Islam verstehen.

Zur Überraschung meines Pfarrers hatte ich regelmäßige Audienzen bei Papst Johannes Paul II., um ihm über meine Arbeit zu berichten. Wir hatten eine enge Beziehung, der Papst und ich; einmal nahm ich sogar Caroline mit. Ich mochte den Papst sehr. Als strikter Baptist war ich mit der Vorstellung aufgewachsen, dass der Vatikan der Hort des Antichristen war, aber die Glaubensfestigkeit der Katholiken erfüllte mich mit Hochachtung, und ich war auch zu der Überzeugung gekommen, dass die Herzensfrömmigkeit mehr zählt als die Rechtgläubigkeit (und dies nicht nur bei Christen).

1992 mit Papst Johannes Paul II. Mein damaliger vorgesetzter Pfarrer staunte, dass sein Vikar so viele Einladungen in den Vatikan erhielt.

Nach drei Jahren zog ich eine Meile weiter in eine andere Gemeinde, um Hauptpfarrer der „Church of the Ascension" (Himmelfahrtskirche) im Londoner Stadtteil Balhalm zu werden. Die Gemeinde kämpfte ums Überleben, aber sie war eine wunderbare Mischung aus Schwarz und Weiß, Reich und Arm, und manchmal war die Herrlichkeit Gottes richtig spürbar. Ich engagierte mich auch sehr in der bürgerlichen Gemeinde und wurde schließlich in die Bezirksverwaltung eines Londoner Stadtbezirks gewählt, als Leiter des Bereichs „Soziale Dienste". Meinen Posten in der Jugendsektion des „Internationalen Rates der Christen und Juden" (ICCJ) hatte ich nach wie vor; wir hatten mittlerweile einen aktiven britischen Zweig dieser Sektion aufgebaut, dem ein weiterer großer jüdischer Freund von mir, Paul Mendel, vorstand. Ich wusste immer noch nicht, worauf Gott mich damit vorbereitete, aber was ich hier bekam, war eine exzellente Einführung in die Grundlagen internationaler Beziehungen und internationaler Versöhnung.

In der Gemeinde St. Mark's hatte mein Pfarrer mit mir geschimpft, weil ich so oft nicht da war; jetzt, wo ich selbst ein richtiger Pfarrer war, reiste ich erst recht. Ich nahm mir vor, auf keinen Fall an mehr als einem Sonntag von sechs abwesend zu sein, aber selbst das bedeutete, dass ich fast zwei Wochen an einem Streifen auf Achse sein konnte. Ich besuchte fleißig das Heilige Land und den Vatikan und lernte auch die islamische Welt immer besser kennen. 1994 erhielt ich zusammen mit Lord Coggan den „Sir Sigmund Sternberg Award" für meine „anhaltenden Beiträge zur Förderung der interreligiösen Verständigung". Ich habe seither noch viele andere Ehrungen bekommen, aber keine hat mir so viel bedeutet wie diese.

Dann, eines schönen Tages im Jahre 1998, als ich noch nicht ganz fünf Jahre an der Himmelfahrtskirche gewesen war, schlug mir mein Bischof, Roy Williamson, vor, mich für die Stelle des Kanonikus für internationale Versöhnungsarbeit an der Kathedrale von Coventry zu bewerben. Mit meinen 33

Jahren war ich kaum alt genug für eine solche Position, aber das schien Williamson nicht zu stören. Ich bewarb mich also, und zu meiner großen Überraschung bekam ich die Stelle.

Die berühmte Kathedrale von Coventry ist eine einzigartige Kirche, die auf eine lange Geschichte mutiger Versöhnungsarbeit zurückblicken kann (man denke unter anderem an die Partnerschaft mit Dresden; d. Übers.). Ich wurde der Nachfolger von Paul Oestreicher, einem wahrhaft großen Mann, den ich lange aus der Ferne bewundert hatte. Trotzdem war der Abschied von der Himmelfahrtskirche mit das Schwerste, was ich je tun musste. Sie waren mir ans Herz gewachsen, diese lieben Leute, und als ich ihnen sagte, dass ich gehen würde, brach ich in Tränen aus.

Doch meine Begeisterung für meine neue Arbeit vermochte nichts zu schmälern, selbst nicht die Diagnose einer Multiplen Sklerose, die ich damals bekam. Ich war zu meinem Arzt gegangen, weil ich manchmal doppelt sah und Gleichgewichtsprobleme hatte. Der Arzt überwies mich ins Krankenhaus, wo ich fünf Wochen verbrachte. Als die Ärzte mir dort sagten, dass ich MS hatte, war das natürlich ein Schlag ins Kontor – aber nicht sehr lange, weil etwas später am selben Tag unser zweiter Sohn, Jacob, geboren wurde. (Wir wollten ihn erst Aaron nennen, änderten aber den Namen am nächsten Tag zu Jacob, da er nicht wie ein Aaron aussah.)

Ich wusste, was für ein Handicap meine Krankheit werden konnte, aber ich bin ein ziemlicher Optimist. Sowohl mein Temperament als auch mein Glaube verhinderten, dass ich in eine geistliche Krise geriet. Meine neuen Arbeitgeber wussten nicht, ob ich in Zukunft noch würde reisen können, aber sie sahen ein, dass es sinnlos war, mich an die Leine nehmen zu wollen. Mein Hausarzt versicherte mir: „Die gute Nachricht ist, dass wir hier ein Pflegehospiz speziell für MS-Patienten haben.“ Ich musste herzlich lachen.

Bald wurde klar: Wenn wir, meine neuen Kollegen und ich,

wirklich etwas für den Weltfrieden tun wollten, mussten wir uns mit den Mächtigen auseinandersetzen. Nur wenige Monate, und ich spann meine Fäden zu Politikern. Mit der tatkräftigen Hilfe meines Vorgängers in Coventry begann ich auch, in unserer Arbeit mehr den Nahen Osten ins Visier zu nehmen, da ich glaubte, dass eine der größten Herausforderungen, die vor uns standen, der drohende Konflikt zwischen der westlichen und der islamischen Welt war.

Dieses Buch beschreibt meine seitherigen Versuche, Brücken zwischen Ost und West zu bauen. Es ist eine schwere Arbeit, aber sie ist heute mein Leben. Trotz meiner schlechter werdenden Gesundheit habe ich nicht vor, sie aufzugeben. In den letzten Jahren hat sich mein Schwerpunkt von Israel und den Palästinensergebieten zum Irak hin verlagert. Der Irak ist möglicherweise das gefährlichste Land der Welt, aber dort wohnen die wunderbarsten Menschen.

Obwohl ich mich die meiste Zeit mit Diplomaten und Politikern abgebe, tue ich alles in der Kraft und zu Ehren des allmächtigen Gottes. Ich werde nie vergessen, wie ich seine Herrlichkeit in der Gemeinde von St. Mark's, als Student am St. Thomas Hospital oder in der Wohnung von Ruth Heflin in Jerusalem erlebt habe. Aber erst recht brauchte ich die ständige Gegenwart der Herrlichkeit Gottes, als meine Nahost-Arbeit Gestalt annahm, und so war es mir eine große Freude, als ein Freund mich zu einem Besuch der Gemeinde von Mahesh und Bonnie Chavda in Charlotte (North Carolina/USA) einlud. Dort, in der „All Nations Church", fand ich sie wieder, die Gegenwart der Herrlichkeit Gottes, und von dem Tag an wurde die Gemeinde der Chavdas meine Gemeinde und ihre Menschen meine Freunde. Sie beten treu für mich. Sie beten darum, dass die Gegenwart der Herrlichkeit Gottes – jene fast körperliche Gegenwart des Allmächtigen, die die „normale" Welt radikal infrage stellt und verändert und die ich selbst in Bagdad erlebe – das Unmögliche möglich macht.

In meiner immer komplexer und schwieriger werdenden Arbeit ist es allein die Gegenwart der Herrlichkeit Gottes, die mir die Kraft gibt, das zu tun, was ich tun muss. Bei Gott sind alle Dinge möglich. Kommen Sie also mit mir auf diese scheinbar unmögliche Reise; dann werden vielleicht auch Sie erleben, wie die Herrlichkeit Gottes das Unmögliche möglich macht.

1
Ganzer Einsatz erfordert

Eines Tages werde ich die ganze Geschichte meines Engagements im Heiligen Land (oder, wie ich es lieber nenne, im Land des Heiligen) erzählen. In diesem Buch möchte ich nur über zwei größere Ereignisse des Jahres 2002 berichten, an denen ich beteiligt war und durch die ich Dinge lernte, die mir in den folgenden Jahren im Irak unschätzbare Dienste leisten sollten.

Seit mehreren Jahren war ich immer wieder nach Jerusalem gereist, um mit meinen Kollegen an konkreten Projekten zur Versöhnung zwischen Israelis und Palästinensern zu arbeiten. Wir hatten auch versucht, Christen in der ganzen Welt zusammenzubringen. In der Kirche (nicht zuletzt auch in der Angelikanischen Kirche) sind die Meinungen über das Heilige Land nach wie vor geteilt. Leider ist es immer noch so, dass die meisten Christen entweder Israel lieben und die Palästinenser (einschließlich der palästinensischen Christen) mit Geringschätzung, ja Verachtung behandeln, oder aber die palästinensischen Christen lieben und Israel und die Juden ablehnen, wobei jede Partei ihre Position aus der Bibel abzuleiten versucht.

Ich fand das schrecklich; im Herzen der Botschaft Jesu steht das Gebot der Feindesliebe, aber so viele seiner heutigen Jünger schienen lieber das Trennende als das Gemeinsame zu suchen. Ich hatte versucht, hier Brücken zu bauen, indem ich zum Beispiel für die „Anglo-Israel Association" hochrangige Besuchergruppen aus britischen Kirchen durch Israel und das Westjordanland führte, und hatte dabei auch hier und da Erfolg gehabt, wenn die Besucher den Schmerz und die Not auf beiden Seiten des Konflikts erlebten; aber im Ganzen war ich gescheitert.

Dann kam das Jahr 2000, das der Papst als ein Heiliges Jahr ausgerufen hatte. Millionen Pilger wurden im Heiligen Land erwartet, und viele Millionen Dollar waren in die Reparatur der Infrastruktur in Israel und im Westjordanland gesteckt worden. Der berühmteste Pilger war Papst Johannes Paul II. Hunderttausende strömten zusammen, um ihn zu sehen; das israelische Fernsehen berichtete live über seinen ganzen Besuch.

Es waren bewegende Tage, und dank des diplomatischen Takts des Papstes waren alle glücklich, sogar die Politiker. Das Bild, das sich mir am stärksten eingeprägt hat, war, wie er die Klagemauer besuchte. Langsam schritt er über den leeren Platz, an seiner Seite nur ein Begleiter – Michael Melchior, ein orthodoxer Jude, Minister im israelischen Kabinett und gleichzeitig der Oberrabbiner von Norwegen. Ich wusste es damals noch nicht, aber Rabbiner Melchior sollte schon bald einer meiner engsten Kollegen und Freunde werden.

Gegen Ende dieses Jahres verschlechterte sich die politische Situation. Das mit Mühe ausgehandelte Friedensabkommen von Oslo von 1993 begann zu bröckeln. In Camp David hatte US-Präsident Bill Clinton alles versucht, um zu einem Abkommen über Verhandlungen zwischen Jassir Arafat, dem Präsidenten der Palästinensischen Autonomiebehörde, und Ehud Barak, dem israelischen Ministerpräsidenten, über den „endgültigen Status“ der verschiedenen Gebiete zu kommen. Doch ohne Erfolg. Jede der beiden Seiten vertrat ihre eigene Version von dem, was „eigentlich“ geschehen war.

Bald danach wurden israelische Gebiete mit Raketen und Mörsern beschossen, vor allem Gilo, eine neue Stadt (oder Siedlung, je nach Sichtweise) am Rande Jerusalems, die von der benachbarten palästinensischen Stadt Beit Jala aus unter Feuer genommen wurde. Nach einem Besuch des Tempelbergs durch Ariel Scharon (damals Führer der Opposition im israelischen Parlament) kam es zu massiven Unruhen, die binnen

Tagen in die sogenannte al-Aqsa-Intifada übergingen. Die Gewalt eskalierte zusehends, es gab viele Tote und ein allgemeines Chaos, und ich schrie immer wieder zu Gott, mit den Worten des Psalmisten: „Wie lange noch, Herr, wie lange?"

Die Hoffnung schwand zusehends. Besonders schlimm war, dass der Konflikt zunehmend religiös geprägt zu sein schien, wie allein schon die Tatsache zeigte, dass die palästinensische Seite diese neue *Intifada* (wörtlich übersetzt: „Abschütteln") nach einer der heiligsten islamischen Stätten der Welt (der al-Aqsa-Moschee in Jerusalem) *al-Aqsa-Intifada* nannte.

Ich fuhr weiter nach Jerusalem, traf mich mit führenden Politikern, Diplomaten und Geistlichen beider Seiten und suchte nach einem Ausweg. Dann kam ein Morgen des Jahres 2001, wo alles anders wurde. Ich saß mit Gadi Golan, dem Leiter der Religionsabteilung im israelischen Außenministerium, im „Mount Zion Hotel" in Jerusalem beim Frühstück, und Mr Golan schlug mir vor, einmal mit Rabbiner Melchior zu sprechen, dem Mann, der mit dem Papst an der Klagemauer gewesen und inzwischen stellvertretender Außenminister war. Melchior, so Mr Golan, sei ein Mann, dem die Rolle der Religion im Friedensprozess sehr am Herzen lag und der, wie er selbst, die Vision eines von allen religiösen Oberhäuptern des Heiligen Landes unterschriebenen Friedensaufrufs hatte.

Zum ersten Mal seit langer Zeit sah ich etwas Licht am Ende des Tunnels. Vielleicht war der Frieden im Lande des Heiligen doch wieder möglich. Vielleicht konnten seine religiösen Oberhäupter eine positive und nicht negative Rolle spielen.

Mein Treffen mit Rabbiner Melchior war sehr vielversprechend. Wir sprachen darüber, was für Leute an solch einem Friedensaufruf beteiligt sein müssten und wer sie an einen Tisch bringen sollte. Wir fanden, dass dieser Initiator ein Christ sein sollte, kein Jude und kein Muslim. Aber welcher Christ? Der Papst war zu alt und zu krank. Wir beschlossen schließlich, den Erzbischof von Canterbury, George Carey, zu bitten, der erst kürzlich einen sehr erfolgreichen Besuch in Israel gemacht hatte und auch bei Mr Arafat in Ramallah gewesen war. (Der Erzbischof von Canterbury ist der leitende Bischof der Anglikanischen Weltkirche; d. Übers.) Auch Schimon Peres, der damalige israelische Außenminister, fand, dass Carey der richtige Mann war. Ich sollte ihn ansprechen.

Dr. Carey ist ein überaus freundlicher, weiser Mann, mit dem ich mich sehr gut verstehe, und er sagte ohne Zögern zu. Das war der einfache Teil. Jetzt mussten wir einen geeigneten Ort finden, an den wir die verschiedenen religiösen Führer einladen konnten. Ich fand, dass Ägypten für ein Treffen zwischen Juden, Christen und Muslimen das sicherste Land im Nahen Osten war. Als Nächstes galt es, mit den religiösen und politischen Hauptakteuren in der Region zu sprechen.

In Ägypten standen mir drei außergewöhnliche Menschen zur Seite: Mounir Hanna (damals Bischof von Ägypten in der Episkopalkirche im Nahen Osten), Dr. Ali El Samman (ein ehemaliger Diplomat und jetziger Berater von Scheich Muhammad Sayed Tantawi, dem Großimam der al-Azhar-Moschee in Kairo) und der damalige britische Botschafter in Ägypten, John Sawers. Sie steckten viele Stunden Arbeit in das Projekt und waren mir eine riesige Hilfe.

Als Tagungsort wählten wir schließlich das exklusive „Montazah Palace Hotel“ in Alexandria mit seinem großen und sehr sicheren Privatgelände direkt am Meer. Ich besuchte die Stadt mehrere Male, um das Treffen vorzubereiten, und hatte dabei zahlreiche Termine mit diversen religiösen Führern, vom Großimam bis zum Oberhaupt der Koptischen Kirche, Papst Schenouda III.

In Israel waren die Verhandlungen intensiv. Uns war klar: Wenn dieser „Gipfel“ ein Erfolg werden sollte, musste er in eine ernsthafte Erklärung münden. Den ersten Entwurf dieser Erklärung schrieb ich zusammen mit meinem Assistenten, Tom Kay-Shuttleworth. Halbe Nächte hindurch besprachen wir ihn mit den verschiedenen Delegierten des Planungskomitees, das wir gebildet hatten. Es dauerte mehrere Wochen, bis der Entwurf die Gnade aller Seiten gefunden hatte. Es war jetzt fast Weihnachten, und ich musste für eine Woche zurück nach Hause, nach Coventry.

Als Termin für das Gipfeltreffen war der März 2002 avisiert, aber am ersten Weihnachtstag rief mich Rabbiner Melchior an und sagte, dass wir nicht mehr so lange warten konnten; die Gewalt eskalierte derartig und es gab so wenig Fortschritte beim Friedensprozess, dass wir die Erklärung sobald wie irgend möglich brauchten.

Ich empfahl Rabbiner Melchior, sich mit George Carey in Verbindung zu setzen, was er auch sofort tat. Am nächsten Tag fuhr ich die etwa 250 Kilometer nach Canterbury, um selbst mit dem Erzbischof zu reden. Er beschloss nach kurzer Konsultation mit mir, den Termin des Gipfeltreffens auf Januar vorzuverlegen.

Nicht alle seine Mitarbeiter waren entzückt darüber, bedeutete es doch, dass der Terminkalender des Erzbischofs durcheinandergeriet und unter anderem eine geplante Auslandsreise gestrichen werden musste.

Ein paar Tage später war ich wieder in Jerusalem, um die Vorbereitungen abzuschließen. Es war eine Mammutaufgabe, nicht zuletzt, was das Finanzielle betraf. Der Gipfel war nicht gerade billig. Es war kein Leichtes, innerhalb von ein paar Tagen 200.000 Dollar aufzutreiben; noch nie hatte ich so inständig um Geld gebetet. Dann trat ich an eine Freundin von mir heran, Lady Susie Sainsbury, eine engagierte Christin und Vorsitzende der „Anglo-Israel Association“, und sie konnte aus einer ihrer Stiftungen über die Hälfte der benötigten Summe beisteuern. Andere Gelder kamen von der norwegischen Kirche und der Weltfriedenskonferenz, die beide vorhatten, Beobachter zu entsenden.

Dazu kamen weitere Vorbereitungsarbeiten in Jerusalem

und im Westjordanland. Stundenlang verhandelte ich mit Jassir Arafat, Vertretern der israelischen Regierung und diversen religiösen Führern. An der Spitze des israelischen Teams stand Rabbiner Melchior, während die palästinensischen Muslime durch den ebenso charismatischen Scheich Talal Sidr vertreten wurden, einem Minister in der Palästinensischen Autonomiebehörde. Die Christen sollten in Alexandria durch den Lateinischen Patriarchen von Jerusalem, Michel Sabbah, vertreten werden. Tom und ich diskutierten mit ihnen bis in die Nacht hinein im „Mount Zion Hotel“ in Jerusalem über den endgültigen Entwurf der Erklärung. Dazwischen flogen wir immer wieder nach Kairo, wo wir stundenlang mit Dr. El Samman, einem Berater von Scheich Tantawi, dem Großimam an der al-Azhar-Moschee, zusammensaßen und das Dokument Wort für Wort durchgingen, um sicher zu sein, dass es für den Großimam akzeptabel war. Er sollte als die höchste Autorität des sunnitischen Islam zusammen mit George Carey das Treffen in Alexandria leiten. Dazu kamen noch regelmäßige Treffen mit dem britischen Botschafter John Sawers, dem israelischen Botschafter sowie Vertretern der ägyptischen Regierung.

Alle diese Gespräche verliefen sehr positiv. So weit, so gut.

Am 19. Januar 2002 kehrte ich kurz nach London zurück, um George Carey zu informieren, bevor wir dann am folgenden Tag gemeinsam ins Heilige Land flogen. Dort war die Lage mittlerweile sehr schwierig. Die Israelis hatten beschlossen, keine Besuche von Ausländern bei Mr Arafat mehr zuzulassen (ich wusste allerdings, dass solche Verbote für mich meist nicht galten). In der Londoner Residenz des Erzbischofs von Canterbury eröffnete mir einer der leitenden Männer seines Stabes höflich: Wenn es nach ihm ginge, würden wir nicht zu dem Religionsgipfel fliegen. Er glaubte nicht, dass es uns gelingen würde, mit Mr Scharon (der mittlerweile israelischer Ministerpräsident war) oder mit Mr Arafat zu sprechen, geschweige denn ihre Unterstützung für das Projekt zu bekommen. Daher fand er, dass ich nur Dr. Careys Zeit vergeudete. Wir gingen beide zum Erzbischof, und dieser Mitarbeiter sagte seinen Spruch, worauf George Carey in aller Ruhe antwortete, dass wir trotzdem fliegen würden.

Früh am folgenden Tag begaben Tom und ich uns in die VIP-Lounge am Flughafen Heathrow. George Carey war da, seine Frau Eileen (wie er eine ganz außergewöhnliche Persönlichkeit) sowie zwei seiner Mitarbeiter. Ich hatte ausnahmsweise und auf Careys Drängen Caroline, meine Frau, mitgenommen. Während des Fluges brachte ich den Erzbischof auf den neuesten Stand, und dann landeten wir in Tel Aviv, wo der britische Botschafter in Israel, Sherard Cowper-Coles, der uns schon viel geholfen hatte, uns herzlich willkommen hieß.

In Jerusalem empfing uns Generalkonsul Geoffrey Adams, der für die Beziehungen Großbritanniens zu den Palästinensern zuständig war und uns ebenfalls sehr geholfen hatte. Nach einem Dinner mit ihm und seiner Frau fuhr man uns in gepanzerten Pkws zu Jassir Arafat in sein Hauptquartier, die *Mukata*, keine 15 Kilometer entfernt in Ramallah. Auf den letzten Kilometern begleiteten uns palästinensische Sicherheitsfahrzeuge mit heulenden Sirenen.

Trotz der angespannten Atmosphäre draußen war es ein sehr angenehmer Besuch. Mr Arafat hätte positiver nicht sein können. Er sagte George Carey, dass er das geplante Treffen in Alexandria, bei dem religiöse Oberhäupter aus Israel und Palästina zum ersten Mal zusammenkamen, um Frieden zu suchen, für äußerst wichtig hielt. Ebenfalls anwesend bei diesem Gespräch in Ramallah waren Ahmed Qurei und Mahmoud Abbas, die beide im folgenden Jahr Ministerpräsidenten der Palästinensischen Autonomiebehörde sein sollten (Abbas ist heute Präsident der Palästinensischen Autonomiebehörde), sowie Arafats Hauptunterhändler, Saeb Erekat. (Anfangs geriet ich mit Mr Erekat mehrere Male aneinander, aber später wurde er ein guter Freund.) In guter Stimmung fuhren wir nach

Jerusalem zurück, um zu versuchen, einen Termin bei Ariel Scharon zu bekommen.

2003: Besuch bei Jassir Arafat in der Mukata/Ramallah. Die Ergebnisse solcher Besuche hingen oft von seiner Tageslaune ab.

Als am nächsten Morgen die Sonne aufging, sah die Lage gut aus. Noch am Vormittag, vor einer Kabinettssitzung, würden wir Mr Scharon sprechen können. Zusammen mit Mr Cowper-Coles begaben George Carey und ich uns zum spartanisch eingerichteten Büro des Ministerpräsidenten, wo Rabbiner Melchior und sein direkter Vorgesetzter Schimon Peres zu uns stießen; der stets hilfreiche Peres gab der Erklärung, die wir vorbereitet hatten, ohne Wenn und Aber seinen Segen.

Mit Ariel Scharon war es etwas anders. Er hatte auf dem Tisch eine hebräische Bibel liegen (wie bei allen Terminen mit führenden Geistlichen) und erinnerte den Erzbischof an die

Worte von Papst Johannes Paul II., dass dieses Land für die Christen das Heilige Land war, aber für die Juden das Verheißene Land. Seine indirekte Botschaft war: „Macht keine Dummheiten mit unserem Land!“ Aber es war doch bemerkenswert: Obwohl Mr Scharon und Mr Arafat sich weigerten, miteinander zu reden, billigten sie beide unseren Entwurf eines Friedensaufrufs. Diesen Aufruf wollten wir besiegeln und der Welt bekannt geben.

Die Probleme begannen auf dem Weg zu unserem Konferenzort Alexandria am Flughafen Ben Gurion in Tel Aviv, wo wir in unsere Chartermaschine nach Ägypten steigen wollten. Wir waren insgesamt 45 Passagiere, einschließlich des Erzbischofs (um seine Solidarität mit den palästinensischen Würdenträgern zu zeigen, die natürlich keinerlei Privilegien hatten, hatte er darauf bestanden, mit uns und nicht als VIP zu fliegen). Wir hatten dem israelischen Sicherheitsdienst sämtliche Namen vorgelegt und wurden von mehreren Mossad-Agenten begleitet. Die Juden und Christen kamen auch ohne Probleme durch die Sicherheitskontrollen; nicht so einige der muslimischen Delegierten. Die Computer an der Passkontrolle explodierten fast! Nein, diese Personen durften nicht in Tel Aviv in ein Flugzeug steigen! Über eine Stunde lang versuchten wir mit Menschen- und Engelszungen, die Muslime an Bord zu bekommen. Schließlich erklärten Erzbischof, Rabbiner und wir alle miteinander: Wenn unsere muslimischen Kollegen nicht an Bord durften, würde keiner von uns fliegen.

Endlich durften wir doch alle durch die Sperren. Botschafter Cowper-Coles, der nach wie vor bei uns war, hatte Danny Ayalon, Mr Scharons außenpolitischen Berater, sowie diverse hohe Tiere in den Sicherheitsdiensten angerufen, und das wirkte Wunder. Wir erreichten Alexandria mit erheblicher Verspätung, worauf wir in einem Konvoi von ägyptischen Polizeifahrzeugen zum „Montazah Palace Hotel“ gefahren wurden.

Meine Mitarbeiter von der Kathedrale von Coventry waren

bereits da und hatten zum Glück aus den Zimmern sämtliche Bilder entfernt, auf denen nackte Frauen zu sehen waren, um jeden Anstoß bei unserer hohen Geistlichkeit zu vermeiden.

Der Gipfel begann unverzüglich, um etwa 15 Uhr. Als George Carey ihn mit einem Augenblick der Stille eröffnete, war die Erwartung im Raum förmlich greifbar. Wir alle wussten, dass wir im Begriff waren, Geschichte zu schreiben. Die offizielle Sprache des Gipfels war Englisch, aber die ägyptische Regierung hatte uns Dolmetscher zur Übersetzung vom bzw. ins Hebräische und Arabische zur Verfügung gestellt. Die israelische Regierung hatte die Erklärung, die wir verfasst hatten, schön auf Pergament drucken lassen, und ich erwartete nichts anderes, als dass die Unterzeichnung eine bloße Formalität wäre, bevor wir dann zu unserem eigentlichen Thema kamen: Wie man sie in die Praxis umsetzen konnte.

Das war ein Irrtum. Mehrere palästinensische Delegierte weigerten sich, die Erklärung zu unterzeichnen. Die Christen waren an der wochenlangen Vorbereitung des Gipfels nicht weiter beteiligt gewesen, und vor allem Patriarch Michel Sabbah und der anglikanische Bischof von Jerusalem und dem Nahen Osten, Riah Abu el-Assal, fanden, dass der Text ihre Anliegen nicht angemessen zum Ausdruck brachte. Ich habe die Erfahrung gemacht, dass sich die Christen in Palästina anscheinend oft verpflichtet fühlen, noch palästinensischer zu sein als die Muslime, um zu zeigen, wie loyal sie sind.[2] Dieses Phänomen (wie auch die Rivalitäten und Spannungen zwischen den diversen Konfessionen) kann sie recht schwierig machen.

Was nun? War unsere Arbeit umsonst gewesen? In seiner Autobiografie *Know the Truth* („Die Wahrheit kennen"), die er im Ruhestand schrieb, erwähnt George Carey, dass diese Konferenz die schwierigste war, die er je zu leiten gehabt hatte. Wohl wahr.

Die Delegierten zogen sich in separate Gruppen zurück, um den Text durchzuarbeiten; Bischof Riah und Erzbischof

Boutros Mu'alem setzten sich, was ihr gutes Recht war, zu den sechs israelischen Delegierten, in der Hoffnung, sie umstimmen zu können. Die strittigen Punkte waren nicht theologisch, sondern politisch: Sollte das Dokument die israelische „Besetzung" des Westjordanlandes und des Gazastreifens erwähnen? Schob es in der aktuellen Formulierung nicht die Verantwortung für das Blutvergießen zu einseitig den Palästinensern zu? Die palästinensischen Delegierten fanden, dass die Israelis die Hauptschuldigen waren und dass, wenn diese Erklärung die Anwendung von Gewalt verurteilte, auch die Gewalt gegen das palästinensische Volk verurteilt werden musste. Sie brachten auch das Thema des Rechtes der palästinensischen Flüchtlinge auf Rückkehr in „ihr" Land (das jetzige Israel) zur Sprache.

Die Gruppenberatungen wurden immer wieder durch Plenumssitzungen unterbrochen, bei denen es heiß herging. Es war überdeutlich, dass sämtliche Delegierten bemüht waren, die Interessen der Politiker und der Menschen, die sie vertraten, ja nicht zu verraten. Zuerst war niemand bereit, sich auch nur einen Millimeter zu bewegen – etwas, was wohl in jeder Verhandlung zu Frust führt. Ich selbst musste meine Meinungen und Gefühle für mich behalten; meine Rolle bestand ja darin, zwischen den verschiedenen Gruppen zu vermitteln und zu versuchen, Formulierungen zu finden, mit denen alle Seiten leben konnten.

Es waren schließlich die israelischen Rabbiner, die sich als die Kompromissbereiteren erwiesen, wenn auch nicht bei solchen zentralen Fragen wie dem Status Jerusalems.[3]

Der Einzige auf der palästinensischen Seite, der kompromissbereit war, war ein Muslim, Scheich Talal, der in seinem Leben bereits einen langen Weg zurückgelegt hatte: von einem der Gründer der Hamas zum Minister in der Administration von Jassir Arafat.

Es war bezeichnend, dass nur die ranghöchsten muslimischen Delegierten – Scheich Talal und der Oberste Richter der palästinensischen Scharia-Gerichte, Scheich Taysir al-Tamimi – sich an den Diskussionen beteiligten. Die beiden anderen – die Muftis von Bethlehem und der palästinensischen Streitkräfte – sagten kein Wort. (Der Letztere ließ sich nach dem Ende des Gipfels in Großbritannien nieder und ist meines Wissens nie mehr ins Westjordanland zurückgekehrt.)

Ich selbst setzte mich, wenn ich nicht von den verschiedenen Delegierten gebraucht wurde, zu George Carey und dem Großimam, die sich nicht an den Detailverhandlungen beteiligten. Der Großimam hatte ein langes Gespräch mit dem sephardischen (orientalischen; d. Übers.) Oberrabbiner, Eliyahu Bakshi-Doron, was in sich schon ein kleines historisches Ereignis darstellte.

Nachdem er mich instruiert hatte, dass bis zum Morgen alle Probleme gelöst zu sein hatten, ging George Carey gegen Mitternacht zu Bett.

Bis in die frühen Morgenstunden redeten die Delegierten in den verschiedenen Gruppen sich die Köpfe heiß. Ich pendelte zwischen Palästinensern und Israelis hin und her, aber fand sie so zementiert in ihren Positionen, dass ich nahe daran war zu verzweifeln. Wie wollten wir bei so verhärteten Fronten einen Durchbruch erzielen?

Um fünf Uhr morgens ging ich ins Bett, den Tränen nahe. So schwierige Verhandlungen hatte ich noch nie erlebt. Ich weckte meine Frau auf, und wir beteten gemeinsam, aber es schien alles so hoffnungslos. Eine Nacht nach der anderen hatten wir uns in den letzten Wochen um die Ohren geschlagen, waren scheinbar alle in dieselbe Richtung gegangen, hatten so nah vor dem Ziel gestanden – und jetzt schien es, als ob alles umsonst war. Wohl zum ersten Mal in meinem Leben fragte ich mich, warum wir es nicht schafften.

Meine Erfahrungen im Konfliktmanagement hatten mir gezeigt, dass die Menschen ihre Meinung manchmal sehr plötzlich ändern, aber hier im Nahen Osten schienen die Techniken

Bei einer Versammlung hoher muslimischer Geistlicher aus Israel und Palästina 2005 in Kairo, einer Folgekonferenz zur Umsetzung der Alexandria-Erklärung. Rechts von mir der Oberste Richter der palästinensischen Scharia-*Gerichte, Scheich Taysir al-Tamimi.*

des Westens einfach nicht zu funktionieren. Ich lag wach und musste an meine Berufung zum Prediger des Evangeliums denken. Gehörte das hier wirklich dazu? Ich sehnte mich zurück nach meiner alten Gemeinde in London, wo die Gemeindeglieder mich liebten und ich sie – aber tief drinnen wusste ich, dass dies nicht mehr meine Aufgabe war. Meine wahre Berufung war das, was ich gerade tat.

Drei Stunden später stand ich auf und ging zu George Carey, um ihm mitzuteilen, dass es nicht geklappt hatte. Doch als ich mit Tom Kay-Shuttleworth redete, machte der mir Mut. „Wir dürfen nicht aufgeben“, sagte er. Er war von Anfang an in dieser Sache mein Assistent gewesen, und ein exzellenter dazu, und er hatte einen tiefen Glauben. Er wusste, dass dies hier Gottes Auftrag an uns war, und er war nicht bereit aufzugeben. An diesem Morgen stieß auch wieder John Sawers zu uns, der britische Botschafter in Ägypten. Er ist ein weiser Mann, und auch er war nicht bereit, in dieser historischen Stunde zu resignieren.

Nach dem Frühstück rief der Erzbischof von Canterbury alle zusammen. Ebenso fair wie fest eröffnete er uns, dass wir noch bis zum Mittagessen Zeit hatten, uns über den Text der Erklärung zu einigen; gelänge uns dies nicht, würde er unverzüglich den Medien der Welt bekannt geben, dass es den religiösen Oberhäuptern der Region nicht gelungen war, mit einer Stimme zu sprechen.

Wir arbeiteten weiter in kleinen Gruppen. Ich ging mit Mr Sawers die Punkte durch, die sich als besonders problematisch erwiesen hatten. Ein entscheidender Schritt nach vorne war sein Vorschlag, in die Erklärung als nötigen „ersten Schritt" eine Aufforderung zur Umsetzung der kürzlichen Empfehlungen der amerikanischen Sonderbevollmächtigten George Mitchell und George Tenet einzubauen, die nach Möglichkeiten gesucht hatten, auf dem Friedensabkommen von Oslo aufzubauen. Unter anderem hatten sie die Israelis aufgefordert, gewisse Sanktionen gegenüber den Palästinensern im Westjordanland und im Gazastreifen aufzuheben und arabische Länder wie Syrien und Saudi-Arabien in den Verhandlungsprozess einzubinden.

Als der Mittag kam, waren wir fast fertig. George Carey genehmigte uns noch etwas mehr Zeit, und nach zwei weiteren Stunden – es war jetzt drei Uhr nachmittags – waren wir zu einer Lösung gekommen, mit der alle leben konnten. Jetzt mussten wir nur noch die Zustimmung von Ariel Scharon und Jassir Arafat einholen, damit die religiösen Führer beider Seiten die Unterstützung ihrer Politiker hatten. Für 17.30 Uhr hatten wir eine Pressekonferenz in einem benachbarten, leichter zugänglichen Hotel anberaumt. Wir hatten also gut zwei Stunden.

Ariel Scharon gab den Kompromissen, auf die die israelische Delegation sich eingelassen hatte, ohne Umschweife seinen Segen. Bei Mr Arafat war es nicht so einfach. Sein oberster Berater, Nabil abu Rudeineh, war eisern: Der Präsident schlief nachmittags grundsätzlich und durfte unter keinen Umständen geweckt werden. Scheich Talal nahm mir das Telefon ab und versuchte, Rudeineh herumzukriegen; der erklärte sich schließlich bereit, Arafat zu wecken, falls ich ihm versprach, nie mehr um eine solche Ungeheuerlichkeit zu bitten. Ich versprach es ihm. Man weckte Jassir Arafat, der ebenfalls seinen Segen gab.

Dann trat einer der palästinensischen Christen zu mir und fragte, ob wir bitte sehr einen Hinweis auf „das Ende der Besatzung" in den Text einbringen konnten. Ich war völlig erschöpft und wusste: *Ein* zusätzliches Wort würde bedeuten, dass wir von vorne anfangen müssten; ich nickte also, als ob ich „Ja" sagen wollte, und änderte nichts.

Hier ist der Text, wie er dann am 21. Januar 2002 unterzeichnet wurde:

„Im Namen Gottes, des Allmächtigen, Gnädigen und Barmherzigen, beten wir, die wir uns als religiöse Führer der Muslime, Christen und Juden versammelt haben, um echten Frieden für Jerusalem und das Heilige Land, und erklären unsere Entschlossenheit, die das Recht auf Leben und Würde verletzende Gewalt und das Blutvergießen zu beenden.

Nach den Traditionen unserer Religionen ist das Töten von Unschuldigen im Namen Gottes eine Entweihung Seines heiligen Namens und macht die Frömmigkeit unglaubwürdig. Die Gewalt im Heiligen Land ist ein Übel, dem alle Menschen guten Glaubens entgegentreten müssen. Wir möchten als Nachbarn zusammenleben, die das historische und religiöse Erbe der anderen achten, und rufen alle dazu auf, sich gegen Aufhetzung, Hass, Verleumdung und Verdrehung zu stellen.

1. Das Heilige Land ist allen unseren drei Religionen heilig. Daher müssen die Anhänger der Religionen seine Heiligkeit achten und dürfen es nicht zulassen, dass es durch Blutvergießen verunreinigt wird. Die Heiligkeit und Unantastbarkeit der heiligen Stätten muss gewahrt und die Freiheit des Gottesdienstes für alle sichergestellt werden.

2. Palästinenser und Israelis haben die Ziele und Absichten des Schöpfers zu achten, durch dessen Gnade sie in demselben Land, das sie heilig nennen, zusammenleben.

3. Wir rufen die politisch Verantwortlichen beider Völker dazu auf, sich für eine gerechte, sichere und dauerhafte Lösung im Geiste der Worte des Allmächtigen und der Propheten einzusetzen.

4. Als ersten Schritt rufen wir zu einem religiös bestätigten Waffenstillstand auf, der von allen Seiten geachtet und eingehalten wird, sowie zur Umsetzung der Empfehlungen von Mitchell und Tenet, einschließlich der Aufhebung von Beschränkungen und der Rückkehr an den Verhandlungstisch.

5. Wir wollen helfen, eine Atmosphäre zu schaffen, in der die gegenwärtigen und zukünftigen Generationen in gegenseitiger Achtung und gegenseitigem Vertrauen nebeneinander leben. Wir rufen alle auf, von Aufwiegelung und Verteufelung Abstand zu nehmen und unsere zukünftigen Generationen entsprechend zu erziehen.

6. Als religiöse Oberhäupter geloben wir, gemeinsam weiter einen gerechten Frieden zu suchen, der zu Versöhnung in Jerusalem und dem Heiligen Land führt, zum Besten aller unserer Völker.

7. Wir geben hiermit die Einrichtung eines permanenten gemeinsamen Ausschusses bekannt, der die Empfehlungen dieser Erklärung in die Tat umsetzen und entsprechend an unsere verschiedenen politisch Verantwortlichen herantreten soll.“

Das war also geschafft. Aber als wir diese endgültige Version ausdrucken wollten, stellten wir fest, dass der Drucker nicht mehr funktionierte. Meine Chefsekretärin, Sue Cutter, tippte den Text – eines der bedeutendsten Dokumente in der Geschichte der Religion – mit der Schreibmaschine auf Arabisch, Hebräisch und Englisch. Tom klebte das Ganze zusammen und vergrößerte es mit dem Fotokopierer so, dass genügend Platz für alle Unterschriften war. Dann legten wir das fertige Produkt den Delegierten vor, und mit einem Mal verwandelte sich der Stress der letzten drei Monate in Begeisterung. *„Al-hamdu lillahi!"* („Lob sei Gott!"), riefen die Palästinenser auf Arabisch, *„Baruch ha-shem!"* („Gelobt sei der Name des Ewigen!") die Israelis auf Hebräisch. Sie umarmten und küssten sich, und dann stellten sie sich an, um ihre Namen unter dieses Dokument zu setzen. Es verkündete, dass das Töten Unschuldiger eine Entweihung des Namens Gottes war – ein Punkt, über den Israelis wie Palästinenser absolut einig waren. Die „Erste Erklärung von Alexandria der religiösen Oberhäupter des Heiligen Landes" war endlich unterzeichnet.

Ich rief Lady Sainsbury an, die uns die 100.000 Dollar besorgt hatte, und sagte einfach: „Wir haben's geschafft!" Ich wusste, dass sie und andere für diese Geheimverhandlungen gebetet hatten, und ich glaube, ohne diese Gebete hätten wir es nie geschafft. Wie die meisten Erfolge, die wirklich etwas wert sind, war es nicht einfach gewesen. Für mich war die Anstrengung bis an den Rand des körperlichen Schmerzes gegangen.

Ich habe so viel über das Zustandekommen der Erklärung erzählt, wie ich kann; aber ich bezweifle, dass die Geschichte je ganz erzählt werden wird. Es war natürlich nur ein Anfang, aber es *war* ein Anfang: Zum ersten Mal in der Geschichte hatten Oberhäupter der drei großen Religionen im Heiligen Land mit einer Stimme erklärt, dass die Gewalt im Namen Gottes aufhören musste. Ja, mehr noch: Sie waren sich darüber im Klaren, dass die Erklärung erst ein Anfang war und dass sie weiter zusammenarbeiten mussten, damit etwas aus dieser Initiative wurde.

Die Pressekonferenz war sehr harmonisch. Niemand erwähnte, was für Mühen es uns gekostet hatte, dahin zu kommen, wo wir jetzt waren, und wir demonstrierten Einheit trotz Verschiedenheit. Am nächsten Tag flogen wir mit einer Chartermaschine alle nach Kairo, wo wir unsere Erklärung Präsident Hosni Mubarak persönlich übergaben. Als die Israelis und Palästinenser nach Jerusalem zurückkehrten, war dort schon wieder eine Bombe explodiert, aber diesmal waren die Delegierten ein Herz und eine Seele. Als Fremde hatten sie diese Reise begonnen, als Freunde kehrten sie zurück.

In Kairo feierten unterdessen Caroline, Tom und ich beim Mittagessen mit den Careys und John Sawers, bevor wir nach London zurückkehrten, über Rom, wo ich dem britischen Botschafter am Heiligen Stuhl Bericht erstattete. Als wir Ägypten verließen, sah Tom mich an und sagte: „Jetzt bin ich gerade bei dem wahrscheinlich wichtigsten Ereignis meines Lebens dabei gewesen, und ich bin doch erst 24!“ Was wahrscheinlich stimmte – und ohne Toms Organisationstalent und Optimismus wäre aus der ganzen Sache nichts geworden.

In der israelischen und arabischen Presse machte die Alexandria-Erklärung tagelang Schlagzeilen; die westlichen Medien nahmen sie dagegen kaum zur Kenntnis. Die Hauptlektion, die wir gelernt hatten, lautete: Die wichtigsten Schritte sind oft die schmerzlichsten.

Wir richteten einen permanenten Ausschuss zur Umsetzung der Erklärung ein, der anfangs fast jeden Monat tagte; zweimal war auch George Carey zugegen. Nach einem Jahr beschlossen wir, uns eine Woche, bevor Carey aus Altersgründen sein Erzbischofsamt niederlegte, in seinem Londoner Dienstsitz zu treffen. Man muss lange suchen, um jemanden zu finden, der noch eine Woche vor seiner Pensionierung an solch einem wichtigen Termin teilnimmt!

2002: Erzbischof Aristichos unterzeichnet die Alexandria-Erklärung. Es schauen zu: der Großimam der al-Azhar-Moschee (sitzend) und Scheich Talal Sidr (stehend, links) sowie Rabbiner Michael Melchior (stehend, rechts); in der Mitte zwischen ihnen Scheich Tantawis interreligiöser Ratgeber.

Am Tag vor dem Treffen wurde in der Kathedrale von Coventry den drei Protagonisten des Alexandria-Prozesses – Rabbiner Michael Melchior, Patriarch Michel Sabbah und Scheich Talal Sidr – der „Internationale Coventry-Preis für Frieden und Versöhnung" überreicht. Es war ein tief bewegender Augenblick. Dort, in den Ruinen der alten Kathedrale, am 63. Jahrestag ihrer Zerstörung durch deutsche Bomben, nahmen drei religiöse Führer diese Ehrenauszeichnung an. Besonders bedeutsam war dies für den Scheich: Hier nahm einer der Gründer und früheren Führer der Hamas, einer radikalen Organisation, die die Vernichtung des Staates Israel auf ihre Fahnen geschrieben hat, einen Friedenspreis entgegen. Der scheidende Bürgermeister von Coventry beschrieb diesen Tag als den bewegendsten und denkwürdigsten seiner Amtszeit.

Am folgenden Tag, vor unserer Konferenz am Dienstsitz von George Carey, geschah etwas, was ich nie vergessen werde. Ein jüdischer Geschäftsmann hatte Rabbiner Melchior, Scheich Talal und mich in London zu einem Mittagessen eingeladen. Es waren zahlreiche Journalisten zugegen, und einer von ihnen, ein Araber, schrie den Scheich an: „Wie können Sie mit diesem üblen Zionisten an einem Tisch sitzen?“ Der Scheich überlegte kurz, dann nahm er die Hand von Rabbiner Melchior und erklärte: „Dieser Mann ist mein Bruder, und wir werden diese lange und schwere Straße der Versöhnung gemeinsam gehen, so lange, bis wir den Frieden gefunden haben.“ „Wissen Sie, was Sie da machen?“, rief jemand anderes. Scheich Talal erwiderte: „Ich reiße Dornen aus und pflanze Blumen.“

Als ich das hörte, sah ich plötzlich, dass genau dies ja Gottes Auftrag für uns war. Ein ehemaliger Mann der Gewalt war dabei, das zu tun, was der Friedefürst uns allen aufträgt. Jedes Mal, wenn ich die Hoffnung verlieren will (was ziemlich oft geschieht), denke ich an diese Szene, und dann kann ich am nächsten Tag weitermachen.

Sieben Jahre nach der Unterzeichnung der Alexandria-Erklärung gehen die Gewalt und das Blutvergießen in Israel, dem Westjordanland und dem Gazastreifen weiter. Trotzdem glaube ich, dass diese Erklärung ein Meilenstein war. Der Prozess, der durch sie angestoßen wurde, hat zu vielen weiteren Initiativen geführt. Die Delegierten konnten zahlreiche Projekte vor Ort initiieren, zum Beispiel Schüleraustausch und Begegnungen zwischen Schulen oder die Ausbildung von Lehrern, die jüdisch-orthodoxe und islamische Studenten in die Welt des jeweils anderen Glaubens einführen. Es gibt inzwischen einen interreligiösen Rat, der die wichtigsten jüdischen, christlichen und muslimischen Verantwortlichen an einen Tisch bringt.

Es gibt ein israelisches und palästinensisches Friedensinstitut mit Zentren im Gazastreifen, Jerusalem und Kafr Qasim in Nordisrael, wo 1956 israelische Grenzpolizisten 49 israelische Araber (darunter elf Kinder) erschossen haben. Und hinter den Kulissen sprechen wir mit mehreren der radikaleren palästinensischen Führer, die das Töten im Namen Gottes billigen oder dazu aufrufen.

Neue Personen sind in den Prozess eingetreten. Scheich Talal Sidr starb im August 2007, aber in mancher Hinsicht ist Scheich Abdullah Nimr Darwish, der Gründer der islamistischen Bewegung in Israel, in seine Fußstapfen getreten. Er war in Alexandria nicht mit dabei, weil er glaubte, dass der Gipfel zu nichts führen würde, wie er mir persönlich im Beisein von Jassir Arafat erklärte. Heute ist er ein Schlüsselmitglied des permanenten Ausschusses zur Umsetzung der Alexandria-Erklärung und ein großer Mann des Friedens.

Wir haben also viel geschafft – aber die Arbeit hat erst begonnen.

2
Belagerung der Geburtskirche in Bethlehem

Dies ist das für mich traumatischste Kapitel in diesem Buch. Es erzählt die Geschichte der 39-tägigen Belagerung der Geburtskirche in Bethlehem, der Geburtsstadt unseres Herrn – eine Belagerung, die nicht nur die in der Kirche eingeschlossenen Menschen traf, sondern alle Bewohner der Stadt wie auch der Nachbarstädte Beit Jala und Beit Sahour. Den größten Teil dieser Zeit war ich ein Zeuge ihrer Leiden. Am Ende war ich körperlich, psychisch und geistlich völlig erschöpft. Ich weiß noch, wie ich unter Tränen nach Hause flog.

Die Geschichte begann für mich am 2. April 2002. Ich war gerade in Coventry im Krankenhaus und bekam nach einem neuen Schub meiner Multiplen Sklerose Steroid-Infusionen. Ich lag in einem Einzelzimmer, damit ich meine fünf Mobiltelefone benutzen konnte. Plötzlich klingelte eines von ihnen. Die Stimme am anderen Ende der Leitung informierte mich, dass der *Ra'is* (also auf Arabisch der „Präsident") mich zu sprechen wünschte. Dann kam die Stimme von Jassir Arafat. Er klang gestresst. „Sie haben uns unsere Kirche weggenommen!", stieß er hervor. „Wir brauchen Sie, so schnell wie möglich!" Als er erklärte, worum es ging, merkte ich, dass ich es gerade live im Fernsehen vor mir sah: Über 200 Palästinenser – eine Mischung aus schwer bewaffneten Kämpfern, Polizisten und Zivilisten – war vor den israelischen Truppen, die auf der Suche nach steckbrieflich gesuchten Militanten in die Stadt eingedrungen waren, in die Kirche geflüchtet und saßen jetzt dort zusammen mit 60 Priestern, Mönchen und Nonnen, während draußen die Fallschirmjäger und Panzer warteten.

Ich sagte Arafat, dass ich mich im Moment nicht frei machen konnte, aber sobald wie möglich kommen würde, was er etwas unwillig akzeptierte. Zehn Minuten später klingelte es wieder. Diesmal war es der stellvertretende israelische Außenminister, Rabbiner Michael Melchior. Er war ja mein Freund, klang aber schroffer als Jassir Arafat: „Ich hab dir doch gesagt, wenn du gehst, wird was Schlimmes passieren! Komm sofort zurück!" Ich erwiderte, nur halb im Scherz: „Ist das also meine Schuld?" Ich erklärte ihm, dass ich gerade im Krankenhaus lag. Seine Antwort werde ich nie vergessen: „Weißt du nicht, für wen du arbeitest?" Einen Augenblick lang war ich sprachlos. Der Mann wusste, dass ich für Gott arbeitete, und glaubte fest, dass Gott mich bald nach Bethlehem bringen würde, auch wenn es mir nicht gut ging.

Wie ernst die Lage war, begriff ich erst richtig, als der Erzbischof von Canterbury, George Carey, mich anrief. Er machte sich jedoch nicht weniger Sorgen um mich als um die Lage in Bethlehem und wollte nicht, dass ich die Behandlung im Krankenhaus abbrach. Ich blieb also geduldig einen weiteren Tag dort, bis meine Behandlung zu Ende war, während mein Projektassistent, Alex Chance, uns den nächstmöglichen Flug nach Tel Aviv buchte. Er war ein hervorragender Assistent und eine unschätzbare Hilfe für meinen oft so hektischen Terminplan.

In Jerusalem angekommen, begannen Alex und ich sofort, uns einen Überblick über die Lage zu verschaffen. Die war schlecht – wahrscheinlich so schlecht, wie ich es noch nie erlebt hatte. Im ganzen Westjordanland war eine israelische Militäroperation mit dem Namen „Schutzschild" im Gange, und ein Großteil des Territoriums befand sich praktisch im Belagerungszustand, darunter auch die Mukata in Ramallah (Arafats Bunker, wo die Männer, die im Oktober 2001 in Jerusalem den israelischen Tourismusminister Rehavam Zeevi ermordet hatten, Zuflucht gesucht haben sollen). An der Geburtskirche in Bethlehem hatte ein israelischer Scharfschütze bereits den Glöckner erschossen, weil er ihn für einen Selbstmordattentäter gehalten hatte. Die Menschen innerhalb des Kirchengeländes hatten kaum Vorräte und konnten den Drohungen und Forderungen der israelischen Belagerer wenig entgegensetzen. Es herrschte eine bedrückende Atmosphäre der Angst.

Unsere erste Aufgabe bestand darin, Dr. Emil Jarjoui zu sprechen, einen wunderbaren Kinderarzt und der einzige Christ in der PLO-Führung. Viele Male besuchten Alex und ich sein Haus in Jerusalem, um uns eingehend mit ihm zu beraten. Gleichzeitig pendelten wir als inoffizielle Vermittler zwischen den Palästinensern und den Israelis hin und her, aber es war unmöglich, sie auch nur dazu zu bringen, sich darüber zu einigen, wer die Verhandlungen führen sollte. Die Israelis weigerten sich, direkt mit den Kämpfern in der Kirche zu verhandeln, wie die Palästinenser das wollten, weil sie sie als Terroristen betrachteten. Es dauerte nicht lange, und die Reporter entdeckten, dass ich involviert war, und begannen, mich um Interviews zu bitten.

In diesen Wochen fuhr ich also häufig ins Westjordanland, um nach Bethlehem zu kommen, das nur ein paar Kilometer von Jerusalem entfernt liegt. Das Bild, das sich mir jedes Mal bot, wenn ich den Kontrollpunkt hinter mir hatte, war schier unglaublich. Die einzigen Fahrzeuge, die man auf den Straßen sah, waren israelische Panzer und sonstige Militärfahrzeuge und die Autos und Sendewagen aller möglichen Fernsehgesellschaften. An den Hauptstraßen hatten israelische Panzer und Bulldozer Laternenpfähle umgelegt und die Fronten von Häusern, Geschäften und Hotels demoliert. Der Gestank ausgebrannter Autos und Gebäude und diese sinnlose Zerstörung lagen wie eine Decke über der ganzen Stadt. Ich war schon oft in Bethlehem, Beit Jala und Beit Sahour gewesen, aber so etwas hatte ich noch nie gesehen.

In den letzten Monaten hatte die Situation sich zusehends verschlechtert. Das überwiegend christliche Beit Jala liegt ganze 500 Meter von der neuen jüdischen Stadt Gilo entfernt, nur durch ein Tal von ihr getrennt, und palästinensische Kämpfer hatten sich in den Häusern von Beit Jala über dem Tal breitgemacht, um Gilo mit einer nicht enden wollenden Serie von Raketen und Mörsergranaten zu überziehen. Wie nicht anders zu erwarten, hatten die Israelis darauf mit Apache-Helikoptern die Häuser, aus denen die Raketen abgeschossen wurden, zerstört. Wieder einmal fanden die Christen sich zwischen den Fronten wieder. Später erfuhr ich, dass die für die Raketenangriffe verantwortlichen Militanten zu den Rädelsführern der Gruppe gehörten, die sich in die Geburtskirche geflüchtet hatte. Die Verwüstungen, die sie angerichtet hatten, sollten furchtbare Folgen haben.

Die Verhandlungen darüber, wer mit wem verhandeln sollte, gingen weiter, und ich verbrachte meine Tage mit Gesprächen mit Politikern und führenden Christen, Muslimen und Juden. Auf Bitten des britischen Konsulats in Jerusalem, das wegen der Übertreibungen, die von Palästinensern wie Israelis verbreitet wurden, besorgt war, gab ich auch zig Interviews für Reporter aus aller Herren Länder. Geoffrey Adams, der Generalkonsul, war ein feiner Mann, den George Carey sehr schätzte und mit dem man hervorragend arbeiten konnte. Mit der tatkräftigen Hilfe eines einheimischen Mitglieds meines Coventry-Teams, Hanna Ishaq, steckte ich auch zunehmend Zeit und Geld in die Versorgung der Menschen in Bethlehem und den beiden Nachbarstädten mit Lebensmitteln und Medikamenten. Wenn wir mit den nächsten Vorräten ankamen, waren wir sofort von Kindern umzingelt, die uns um etwas zu essen baten. Es wurde immer deutlicher, dass die Krise nicht nur die Menschen in der Geburtskirche traf, sondern alle Bewohner Bethlehems, Beit Jalas und Beit Sahours.

Eines Nachmittags kontaktierte mich eine Engländerin, die in Bethlehem wohnte. Sie hatte gehört, dass ein Stadtbewohner namens Edmond Nasser, der kürzlich zu einer Herzoperation in Jordanien gewesen war, dringend Hilfe brauchte. Er wohnte am Rande des Platzes vor der Geburtskirche, im Zentrum der Stadt, das jetzt vollständig abgeriegelt war. Ich fragte sie, wie sie auf mich gekommen war, und sie erklärte, dass das britische Konsulat (das von meiner medizinischen Ausbildung Kenntnis hatte) ihr geraten hatte, mich zu kontaktieren.

Ich nahm dies als Fingerzeig Gottes, dass ich in der Tat versuchen musste, diesem Mann zu helfen, und rief den israelischen Kommandanten in der Stadt an, mit dem ich mich bald angefreundet hatte. Shmueli Hamburger war ein Oberst der Reserve, ein freundlicher, stets zuvorkommender Mann mittleren Alters, der für das Ministerium für religiöse Angelegenheiten arbeitete und dort für die christlichen Gemeinden in Israel und den besetzten Gebieten zuständig war. Hier in Bethlehem lief alles über ihn.

Ich sagte ihm, dass ich ins Stadtzentrum musste, um einem Schwerkranken zu helfen. Er erwiderte, dass dies entschieden zu gefährlich sei; es werde zu viel geschossen. Das war wohl nichts mit dem offiziellen Dienstweg …

Dann hörte ich, dass es Mr Nasser immer schlechter ging. Wir mussten zu ihm, egal wie! Hanna erzählte mir, dass er einen Schleichweg nach Bethlehem kannte: mit dem Auto nach Beit Jala und dann zu Fuß über zerklüftetes Ödland, wo die Überwachung nur minimal sei. Er fuhr uns mit rauchenden Reifen nach Beit Jala, und dann marschierte ich mit Alex an meiner Seite und meinem Erste-Hilfe-Koffer in der Hand los. Aber es waren noch gute drei Kilometer; sollten wir das wirklich alles zu Fuß versuchen? Wir riefen: „Taxi!“ Das war natürlich Unsinn, denn es herrschte Ausgangssperre und die Straßen waren menschenleer. Aber keine zehn Sekunden, und ein Mann sprintete heran. Er sagte, dass er Mustafa hieß, und siehe da, er hatte ein Auto, das offenbar einer Fernsehgesellschaft gehörte, aber ein israelisches Nummernschild hatte. Der

Wagen war vermutlich gestohlen, doch für tiefschürfende ethische Überlegungen war jetzt keine Zeit.

Als wir ihm sagten, wo wir hinwollten, lachte Mustafa und sagte, dass das unmöglich ginge. Wir baten ihn darauf, uns zurück nach Beit Jala zu fahren, zum „King Hussein Hospital". Unterwegs rief ich Shmueli an. Er war platt, dass wir so weit gekommen waren, und versprach, uns in seinem gepanzerten Wagen am Krankenhaus abzuholen. Jetzt war er bereit, uns Geleitschutz nach Bethlehem zu geben, und bald darauf erreichten wir das Herz der belagerten Stadt. Einer der heiligsten Orte der Welt war zum Kriegsschauplatz geworden. Überall standen Panzer. Suchscheinwerfer überwachten den dunkler werdenden Himmel, und ein von einem Kran herabhängender riesiger Lautsprecher beschallte die in der Kirche verschanzten Kämpfer mit Lärm – eine Art psychologische Kriegsführung.

Endlich erreichten wir das Haus von Edmond Nasser. Mustafa wartete draußen im Auto, während Alex und ich hineinrannten. Welche Situation würden wir antreffen?

Mr Nassers Zustand war schlecht. Seine Operationswunde hatte sich entzündet, und die Entzündung drohte in eine Blutvergiftung überzugehen. Seine Unterernährung machte die Sache nicht besser. Er konnte nicht glauben, dass da jemand kam, der ihm genau die Hilfe brachte, die er brauchte. Als Christ war er überglücklich, dass Gott gleich einen Pfarrer als rettenden Engel geschickt hatte. Aber ich bin nicht nur Pfarrer, und in Situationen wie dieser melden sich meine medizinischen Instinkte. Ich war wieder ganz der OP-Assistent, während ich Mr Nassers Wunde abtupfte.

Wir gaben ihm die Medikamente und Lebensmittel, die wir mitgebracht hatten, und unterhielten uns etwas mit ihm, und dann mussten wir wieder gehen.

Shmueli wies uns an, beim Hinausfahren aus der gequälten Stadt langsam zu fahren und dicht hinter seinem Wagen zu bleiben. Was Mustafa auch tat – bis er urplötzlich und ohne ein Wort der Erklärung das Gaspedal durchtrat, wie ein Verrückter davonraste und mit quietschenden Reifen in eine Nebenstraße einbog. Das Klingeln meines Mobiltelefons zerriss unseren Schock. Es war Shmueli, der wütend und sehr angespannt klang. Ich fragte Mustafa, was er da machte. Er antwortete nicht. Shmueli befahl uns, uns direkt zu einem nahe gelegenen Militärstützpunkt zu begeben. „Sieht nicht so gut aus", kommentierte Alex, trocken und ungerührt wie immer.

Doch als wir den Stützpunkt erreichten, sprang Oberst Shmueli aus seinem gepanzerten Wagen, rannte auf uns zu und warf seine Arme um uns. Ich fragte nach dem Grund für diesen abrupten Stimmungswandel. Seine Antwort ließ mir das Blut in den Adern gefrieren. Direkt nachdem er uns angerufen hatte, hatte jemand eine kleine Bombe auf seinen Wagen geworfen, die direkt hinter ihm gelandet war. Wenn wir ihm immer noch gefolgt wären, wären wir umgekommen.

Mustafa hat uns nie eine Erklärung für sein plötzliches Manöver gegeben. Ich habe ihn nie wiedergesehen. Seitdem frage ich mich manchmal, ob er nicht in Wirklichkeit ein Engel war – einer mit einem muslimischen Namen und einem gestohlenen israelischen Auto! Wenn ich heute zu Weihnachten von den Engeln in Bethlehem singe, muss ich jedes Mal an Mustafa denken.

Am nächsten Morgen machten wir weiter mit unseren Verhandlungen, wer mit wem verhandeln sollte. Der britische Generalkonsul, Mr Adams, bat mich, mich an Alastair Crooke zu halten, den das britische Außenministerium als Sicherheitsberater für Javier Solana, den Außenbeauftragten der EU, abgeordnet hatte. Ich setzte mich mit ihm in Verbindung, und die nächsten Monate arbeiteten wir die meiste Zeit mit ihm zusammen. Crooke war ein stiller Mann in den Fünfzigern und hochintelligent. Er kannte sich gut bei den Palästinensern aus und konnte sich immer in ihre Perspektive hineinversetzen. Wir verstanden uns sehr gut.

Die Israelis sagten klipp und klar, sie wollten nicht, dass irgendwelche religiösen Führer an den Verhandlungen beteiligt wurden. Als sie jedoch ebenso wie das Büro von Jassir Arafat schließlich bekannt gaben, welche Personen sie als Unterhändler wünschten, war auf beiden Listen mein Name. Ich fragte die Israelis, wie das kam. Sie lachten und sagten, dass ich kein religiöser Führer sei. Ich wusste nicht recht, wie ich das verstehen sollte.

Inzwischen waren zwei Männer in der Geburtskirche von israelischen Scharfschützen getötet worden, die gedacht hatten, dass sie bewaffnet seien. Es hieß, ihre Leichen lägen in der Höhle, in der Jesus geboren sein sollte. Die Verwesung hatte bereits eingesetzt, und die belagerten Kämpfer drohten damit, die Leichen in der Kirche zu begraben, wenn sie nicht bald abgeholt würden – was dieses christliche Heiligtum in eine Begräbnisstätte muslimischer „Märtyrer" verwandelt hätte!

Ich konferierte viele Stunden lang mit dem griechisch-orthodoxen Patriarchat, um eine Möglichkeit zu finden, die Leichen aus der Kirche heraus und zu ihren Familien zu bringen. Die Israelis wollten niemanden in die Kirche hineinlassen, und die militanten Palästinenser offenbar niemanden hinaus. Es sollte zehn Tage dauern, bis dieses Problem gelöst war.

Es war jetzt der 14. April. Die Belagerung dauerte seit fast zwei Wochen an, aber wirkliche Verhandlungen gab es noch keine. An diesem Tag informierte der israelische Ministerpräsident, Ariel Scharon, die Welt über die Position seiner Regierung: Entweder die palästinensischen Kämpfer in der Kirche ergaben sich und wurden vor ein israelisches Militärgericht gestellt oder sie verließen für immer das Land. Jassir Arafat entgegnete prompt, dass es weder Militärgericht noch Exil geben werde. Der Disput zwischen den beiden Männern wurde in aller Öffentlichkeit ausgetragen, obwohl Arafat, der in der Mukata selbst im Belagerungszustand lebte, eigentlich gar nicht die Möglichkeit hatte, in den Lauf der Dinge einzugreifen.

Sechs Tage später – es fanden immer noch keine Gespräche statt – erfuhren wir, dass es in der Kirche keine Lebensmittel und kein Wasser mehr gab. Wir trafen uns jetzt mit anderen Personen, die als Unterhändler genannt worden waren. Alastair Crooke war jetzt die ganze Zeit bei Alex und mir, und es hieß, dass unsere Basis vor allem bei dem palästinensischen Team in Beit Jala sein sollte, im Haus des palästinensischen Tourismusministers, Mitri Abu Aita. Mit Shmuelis Hilfe machte Hanna den Chauffeur, wenn wir nach Bethlehem fuhren. Einen Tag nach dem anderen hieß es, dass die Verhandlungen morgen beginnen würden. Die Israelis schienen es nicht eilig zu haben.

Am 23. April, über drei Wochen nach Beginn der Belagerung der Kirche, kamen die Verhandlungen endlich in Gang. Das israelische Team bestand ganz aus Militärs und wurde von einem sehr professionellen und pragmatischen Oberstleutnant namens Lior angeführt. Der Leiter des palästinensischen Teams war Salah Tamari, ein früherer PLO-Offizier (und sehr guter Freund von mir), der jetzt im palästinensischen Legislativrat (dem Parlament der Palästinenser) saß. Ich dachte, dass die Krise jetzt bald vorbei sein werde, aber das erwies sich als Wunschdenken.

Die Gespräche fanden unter scharfen Sicherheitsvorkehrungen abends am Platz vor der Geburtskirche statt. Sie wurden auf Englisch geführt, obwohl nur Palästinenser und Israelis zugegen waren, und Oberstleutnant Lior wich keinen Millimeter von der Tagesordnung ab. Ein Schlüsselteilnehmer war ein hoch angesehener christlicher Rechtsanwalt namens Tony Salman, der im Stadtrat von Bethlehem saß. Er gehörte zu der Gruppe, die sich in die Geburtskirche geflüchtet hatte, und war der Einzige, den sowohl die palästinensischen Kämpfer in der Kirche als auch die Israelis frei aus- und eingehen ließen. Er war unsere einzige Kontaktperson zu den Militanten und unsere Hauptinformationsquelle dafür, was hinter den Mauern der Kirche vorging.

Hanna Ishaq, mein Mann in Jerusalem,
der länger als jeder andere mit mir zusammenarbeitet.
Das Bild ist in Tel Aviv aufgenommen.

Tagsüber saßen Alastair, Alex und ich mit den Palästinensern im Haus des Tourismusministers und diskutierten in einem Zimmer über die richtige Verhandlungstaktik. Die Spannung und der Zigarettenrauch im Raum waren mit Händen zu greifen. Dazwischen saßen wir stundenlang am Telefon und sprachen mit den Israelis oder warteten einfach. Die Frau des Ministers hielt uns mit ihren wunderbaren Kochkünsten bei Kraft und Laune. Dann brüllte wieder Salah wütend ins Telefon, frustriert darüber, dass Jassir Arafat (wie auch Ariel Scharon) nicht bereit war, sich auch nur einen Zentimeter zu bewegen.

Alex und ich arbeiteten zusammen mit Alastair an möglichen Auswegen aus der Sackgasse; ich lernte von Alastair eine ganze Menge über die Kunst der Verhandlung bei Geiselnahme. Alex und mir war mittlerweile klar, dass Alastair kein Feld-, Wald- und Wiesendiplomat war. Ich war inzwischen bereit, den Gerüchten zu glauben, dass er nicht für das britische Außenministerium, sondern für den britischen Geheimdienst M16 arbeitete und bereits diverse Geheimoperationen von Kolumbien bis Afghanistan hinter sich hatte.

Vielleicht war das der Grund dafür, dass er so medienscheu war. Draußen vor Mitri Abu Aitas Haus warteten ständig Scharen von Reportern, und viele von ihnen hatte ich inzwischen ganz gut kennengelernt, aber jetzt steckten wir in Verhandlungen, bei denen Diskretion das oberste Gebot war. Das war leichter gesagt als getan. Der Minister hatte einen zwölfjährigen Sohn, der sich mit etlichen der Reporter angefreundet hatte, und oft sahen wir, wie er ihre Kameras oder Mikrofone hielt. Manchmal brachte er sie sogar ins Haus, und dann gab es nur eines: den Mund halten.

Bereits am zweiten Tag der offiziellen Verhandlungen, am 24. April, sahen wir etwas Licht am Ende des Tunnels, auch wenn mittlerweile zwei weitere Palästinenser in der Kirche von israelischen Scharfschützen getroffen worden waren (einer von ihnen, ein Polizist, erlag später seinen Verletzungen). Inzwischen war uns klar geworden, dass es sich in Wirklichkeit um eine Doppelbelagerung handelte; viele der Menschen in der Kirche hatten nicht nur vor den Israelis draußen, sondern auch vor den palästinensischen Bewaffneten drinnen Angst. (Die ausländischen Geistlichen waren angeblich „freiwillige Geiseln", die ihre Solidarität mit den Palästinensern demonstrieren und weiteres Blutvergießen verhindern wollten.) Jetzt erklärten die Militanten sich bereit, neun Teenager aus der Kirche hinauszulassen, die auch die mittlerweile stark verwesten beiden Leichen mitnehmen durften. Am folgenden Tag kamen sie heraus, mit zwei improvisierten Särgen. Sie wurden von den Israelis verhört, und einer wurde festgehalten, weil man ihn verdächtigte, in Bombenanschläge in Jerusalem verwickelt zu sein. Die beiden toten Männer wurden als Polizisten identifiziert.

Es sah immer düsterer aus in Bethlehem, Beit Jala und Beit Sahour. Shmueli hielt uns über die besonderen Härten, die ihm bekannt wurden, auf dem Laufenden, und eines Tages kam er und sagte uns, dass die Äthiopier seit drei Wochen nichts mehr zu essen hatten. Ich hatte gar nicht gewusst, dass es in Bethlehem äthiopische Mönche gab. Es zeigte sich, dass sie in unmittelbarer Nähe der Geburtskirche lebten, was bedeutete, dass wir nicht selbst zu ihnen gehen konnten, denn dort war alles abgeriegelt.

Ich ließ also Hanna so viele Lebensmittel einkaufen, wie er auftreiben konnte, und wir gaben die ganze Ladung in Shmuelis Obhut. Als er ein paar Stunden später zurückkam, fragte ich ihn: „Nun? Haben sie sich über das Essen gefreut?“ Seine Antwort überraschte mich: „Nein! Ihr hattet die Zitronen vergessen!“ Das habe ich nie wieder vergessen …

Alex, Hanna und ich verbrachten jeden Tag mehrere Stunden damit, durch die Gegend zu fahren, um Lebensmittel und Medikamente für Bewohner der drei Städte aufzutreiben und abzuliefern. Ich hatte allmählich große Sorgen, dass uns das Geld ausgehen würde; die Not war so groß und unsere Mittel so gering. Der Erzbischof von Canterbury rief mich regelmäßig an, um sich über die humanitäre Situation zu informieren, und schickte mir schließlich eine sehr große Geldsumme, die uns mehr als willkommen war.

Die Atmosphäre im Haus von Mitri Abu Aita wurde immer gespannter. Salah sprach (oder besser: schrie) nach wie vor Jassir Arafat am Telefon an, und der blaue Zigarettenqualm wurde immer dicker. Die Israelis bestanden darauf, dass diejenigen Männer in der Kirche, die sie als Terroristen betrachteten, deportiert werden mussten, und eine meiner Hauptsorgen war herauszufinden, wohin sie gehen konnten. Meine Hauptkontaktperson war hier ein Mann im italienischen Geheimdienst, der Aldo hieß. Eine Möglichkeit, an die wir dachten, war, einige der Militanten in das „Arsenal des Friedens" in Turin zu verfrachten, eine ehemalige Waffenfabrik und jetzt ein römisch-katholisches Kloster und Friedenszentrum. Ich verbrachte auch viele Stunden mit den drei Patriarchen von Jerusalem – dem griechischen, dem armenischen und dem lateinischen –, die sich die Aufsicht über die Geburtskirche teilten, und besuchte sowohl den leitenden Franziskaner in Jerusalem, den Kustos des Heiligen Landes, als auch den päpstlichen Nuntius, Erzbischof Pietro Sambi.

Am 27. April fuhr Alastair zusammen mit mehreren Männern des palästinensischen Teams nach Ramallah, um Jassir Arafat zu besuchen; es überraschte mich nicht, dass sie nichts erreichten. Wie ein Gespräch mit Jassir Arafat ausging, hing oft davon ab, in was für einer Stimmung er gerade war. An diesem Tag schien er mit dem linken Fuß zuerst aufgestanden zu sein; er hatte seine Gäste schlicht ignoriert und die ganze Zeit einen Stapel Papiere mit seiner üblichen roten Tinte unterschrieben.

Es hieß, dass die Lage in der Geburtskirche allmählich sehr ernst wurde und die Belagerten anfingen, die Blätter der Zitronenbäume im Innenhof zu kochen und zu essen. Salah bot ihnen wiederholt an, zu ihnen zu kommen und zu versuchen, die Zivilisten herauszuholen und den übrigen Lebensmittel zu bringen, doch jedes Mal weigerten die Militanten sich, auf das Angebot einzugehen. Die Israelis bestanden darauf, dass jegliche Lebensmittel für die Eingeschlossenen von ihnen zu kommen hatten, und die Militanten wussten natürlich, dass die Israelis aus dieser Großmütigkeit politisches Kapital schlagen würden; es war ein Teil des Spiels, das die Israelis spielten.

Am 29. April wurde die Belagerung von Jassir Arafats Bunker in Ramallah aufgehoben, da die vier Männer, die des Mordes an Rehavam Zeevi beschuldigt wurden, vor ein hastig einberufenes palästinensisches Militärtribunal gestellt und verurteilt wurden. Kurze Zeit dachten wir, dass ein ähnlicher Deal auch in Bethlehem möglich wäre, doch die Israelis stellten bald klar, dass dies nicht infrage kam. Sie hatten ihre Truppen nur unter erheblichem amerikanischem Druck von der Mukata zurückgezogen und betrachteten dies als eine Demütigung, die es ihnen nicht erlaubte, in Bethlehem Milde walten zu lassen.

Am gleichen Tag wurde der nächste Palästinenser von einem israelischen Scharfschützen erschossen. Nidal Abayat war ein führender Kopf in der Kirche gewesen. Die Israelis betrachteten ihn als hochgefährlich; es waren er und mehrere seiner Verwandten gewesen, die für die Raketen- und Mörserangriffe auf Gilo verantwortlich waren. Jetzt war er tot.

Am folgenden Tag konnten weitere 24 Personen die Geburtskirche verlassen, aber die Vorräte, die im Gegenzug den Belagerten geliefert werden sollten, kamen nie an. Oberstleutnant Lior gab zu, dass es den Israelis nicht mehr darum ging, durch Verhandlungen ein Ende der Kirchenbelagerung zu erreichen, sondern den Druck auf die Belagerten zu erhöhen. Er war sich nicht mehr sicher, ob er noch berechtigt war, Lebensmittel in die Kirche zu schicken. Wir waren mittlerweile alle todmüde und frustriert darüber, dass der Durchbruch einfach nicht kommen wollte. So viele strapaziöse Tage und schlaflose Nächte, und alles für die Katz!

Dann informierte Lior uns, dass die Israelis Salah und Alastair erlauben würden, sich in die Kirche zu begeben, um die Namen der dort Eingeschlossenen aufzunehmen. Bis jetzt wussten wir noch nicht einmal, wie viele, geschweige denn, welche Personen es waren. Die Israelis waren natürlich genauso neugierig wie wir, obwohl sie vorgaben, uns nur einen Gefallen zu tun.

Dann eröffnete ein Agent des Shin Bet, des israelischen Inlandsgeheimdienstes, Salah und Alastair, dass dies der letzte Akt ihrer Beteiligung an der Affäre sei, da das palästinensische und das israelische Verhandlungsteam aufgelöst würden.

Dies war echt eine Überraschung. Wir hatten doch noch gar nichts Weltbewegendes zustande gebracht. Was würde jetzt geschehen? Wir wussten, dass man US-Präsident George Bush gedrängt hatte zu intervenieren, weil das Verhalten seines Verbündeten Israel Amerikas Beziehungen zur arabischen Welt beschädigte. Schon jetzt gefährdete die Intifada den „Krieg gegen den Terror", und jede weitere Komplikation konnte Bushs Versuche torpedieren, in der Region einen Konsens für Aktionen gegen Saddam Hussein aufzubauen. Es sah also so aus, als ob die Amerikaner in Bethlehem aktiv werden wollten.

Erschöpft, verärgert und verunsichert kehrten Alastair und ich mit Hanna und Alex nach Jerusalem zurück. Wie sollte es jetzt weitergehen? Wir aßen in einem Café zu Mittag und konnten ein paar Stunden Schlaf ergattern, bevor die Nachricht kam, dass es an diesem Nachmittag ein Treffen im „King David Hotel" in Jerusalem geben würde (hier hatten die Zionisten 1946 ihren berühmten Bombenanschlag auf das militärische Hauptquartier der Briten im Mandatsgebiet Palästina verübt).

Als wir ankamen, fanden wir uns zwei CIA-Agenten gegenüber, die die Amerikaner vertraten, ein paar Shin-Bet-Agenten für Israel sowie Muhammad Rashid, Mr Arafats kurdischen Berater, der aus dem Irak stammte.

Man erklärte uns vieren, was von uns (und von den anderen) erwartet wurde. Wir waren natürlich mehr als bereit, auf jede erdenkliche Weise zu kooperieren, aber ich hatte nicht den Eindruck, dass der neue Plan wirklich etwas Neues war; unsere Vorschläge waren ganz ähnlich gewesen. Umso klarer war: Die Amerikaner erwarteten, dass etwas geschah, und zwar sofort. Ihr Plan war recht kühn; unter anderem sollten mehrere der Kämpfer in der Kirche, die für die Israelis wie für die internationale Gemeinschaft Terroristen waren, vor den Internationalen Gerichtshof in Den Haag gestellt werden.

Dies war nun überhaupt nicht das, was Jassir Arafat wollte,

obwohl Mr Rashid, einer der mächtigsten Männer in der Palästinensischen Autonomiebehörde, dem Vorschlag zustimmte. (Nach diesem Treffen verschwand Mr Rashid von der Bildfläche. Ich habe ihn bis heute nicht mehr gesehen, obwohl ich einmal hörte, dass er in Ägypten sei. Ich glaube, dass er befürchtete, mit seinem Ja zu diesem Plan sein Kapital bei den Palästinensern verspielt zu haben.)

Die endgültige Lösung sah dann ganz anders aus. Man einigte sich darauf, die 13 Militanten, die zu den in Israel meistgesuchten Terroristen gehörten, für immer ins Ausland ins Exil zu schicken; weitere 26 sollten in den Gazastreifen gebracht und dort wegen der Besetzung der Kirche und anderer Vergehen vor palästinensische Gerichte gestellt werden.

Das klang alles recht einfach, aber wir wussten immer noch nicht, in welches Land man die 13 schicken konnte. Wir hatten mit den Italienern gesprochen, waren aber dabei davon ausgegangen, dass nur sieben Männer ausgewiesen würden.

Am 2. Mai gelang es einer Gruppe Friedensaktivisten vom „International Solidarity Movement", mit Essensvorräten in die Kirche einzudringen (fragen Sie mich nicht, wie), was eine bereits komplizierte Situation noch komplizierter machte. Doch am nächsten Tag waren fast alle Vorbereitungen getroffen, und man wies Alastair, Alex, Hanna und mich an, uns nach Beit Jala zu begeben, um uns mit einem neuen palästinensischen Verhandlungsteam zu treffen. Es wurde von einem der Verwandten Arafats geführt, der ebenfalls Arafat hieß und diverse Brandwunden im Gesicht hatte. Er hatte beim Prozess gegen die Mörder von Tourismusminister Zeevi in Ramallah den Vorsitz geführt und musste wohl ein Mann der Tat sein, denn das Gericht hatte es fertiggebracht, die vier an einem einzigen Vormittag anzuklagen und zu verurteilen. Doch andererseits hatten er und seine Kollegen jetzt einen ganzen Monat in der Mukata festgesessen und wussten nur in groben Zügen, was in Bethlehem vorgegangen war.

Dann kam die CIA – vier Kleiderschrankmänner, die perfekt Arabisch sprachen und in identisch aussehenden SUVs vorfuhren. Da weder Alastair noch ich fließend Arabisch konnten, baten wir Hanna, den Lauscher zu machen, was er zu unserer großen Zufriedenheit tat. (Er sagte uns danach, dies seien die besten Tage seines Lebens gewesen!)

Als Nächstes brauchten wir einen Grundriss der Kirche, um einen geeigneten Ort zu finden, wo man die 13 „Topterroristen", wie die Israelis sie nannten, nach dem Ende der Belagerung für ein, zwei Wochen einsperren konnte, während ihre Ausweisung vorbereitet wurde. Das war gar nicht so einfach. Ich fragte den Bürgermeister von Bethlehem, ob er die Grundrisse hatte, aber er verneinte dies; die Kirche sei schließlich viel älter als die Stadt. Ich fand sie schließlich doch. Es stellte sich heraus, dass eine Freundin von mir in Jerusalem, Dr. Petra Heldt, die Person kannte, die sie aufbewahrte – übrigens in England, an der Universität Oxford.

Das Ende der Affäre schien in Sicht, als ich von der englischen Dame, die mich auf das Los von Edmond Nasser aufmerksam gemacht hatte, einen erneuten Anruf erhielt. Diesmal waren ihr Anliegen die Friedensaktivisten in der Geburtskirche, die offenbar beschlossen hatten, das Gebäude nur unter zwei Bedingungen wieder zu verlassen: dass Jassir Arafat ihnen dies befahl und dass sie erfuhren, was anschließend mit ihnen passieren würde. Es war jetzt drei Uhr nachmittags und mithin Arafats Siesta-Zeit. Ich rief Nabil Abu Rudeineh an und fragte ihn, ob er den *Ra'is* wegen dieser neuen, sehr dringenden Sache wecken könnte. Er erinnerte mich daran, dass ich schon einmal, als es um die Alexandria-Erklärung ging, den Präsidenten hatte wecken lassen und dass das auf keinen Fall ein zweites Mal infrage kam. Die Friedensaktivisten blieben also, wo sie waren.

Dann kam das nächste Hindernis. Jetzt, wo die Italiener wussten, wie viele Männer deportiert werden sollten, weigerten sie sich nicht nur standhaft, alle 13 zu nehmen, sondern behaupteten, dass man sie nie gebeten hatte, auch nur einen aufzunehmen. Wir hatten in Rom wochenlang über dieses kritische Thema konferiert, und jetzt war das alles angeblich nicht gewesen. Das war ein harter Schlag.

Uns blieb nichts anderes übrig, als hektisch nach einem anderen Land zu suchen, das bereit war, diese Männer, die keiner wollte, aufzunehmen. Wenigstens hatten wir jetzt die Hilfe des EU-Sonderbeauftragten für den Nahen Osten, des spanischen Diplomaten Miguel Ángel Moratinos. Alex und ich hatten ihn im spanischen Konsulat in Jerusalem kennengelernt; wir kannten ihn inzwischen gut und betrachteten ihn als Freund. Er hatte schon früher mit Alastair zusammengearbeitet.

Am 9. Mai schienen wir endlich einen brauchbaren Plan zu haben. Die 13 Militanten sollten nach Zypern ausgeflogen und dort so lange in einem Hotel interniert bleiben, bis die Mitgliedstaaten der EU sich auf eine endgültige Bleibe für sie verständigt hatten. Man traf zügig die nötigen Vorbereitungen, bis hin zu den Metalldetektoren, mit denen die Männer beim Hinausgehen aus der Kirche auf versteckte Waffen untersucht werden sollten.

Es wurde Mitternacht, und wir warteten auf die von der CIA versprochenen Busse, die die 13 zum Flughafen Ben Gurion und die anderen 26 Militanten in den Gazastreifen bringen sollten. Ich stand auf einem der Flachdächer am Platz vor der Geburtskirche und lauschte dem babylonischen Stimmengewirr der Reporter um mich herum, die in ihre Mikrofone sprachen. Wie üblich stellte kein Einziger den Sachverhalt richtig dar. Einer der Reporter war Michael Georgy, ein ägyptisch-amerikanischer Christ, der für Reuters arbeitete. Er hatte hartnäckig, wenn auch erfolglos versucht, mich nach Informationen über die Verhandlungen anzubohren, und im Laufe der Zeit war er mir recht sympathisch geworden. Was ihn in dieser Nacht am meisten bewegte, war nicht das Ende der Belagerung der Geburtskirche, sondern die BBC-Nahostkorrespondentin Orla Guerin. Er verriet mir, dass er sie heiraten wollte. Ich sagte ihm, dass das eine Dummheit war und dass Orla viel zu vernünftig für ihn war.

Die Busse kamen nicht – warum, erfuhren wir nie –, und um sieben Uhr morgens gab ich es auf und fuhr zurück zu Mitri Abu Aita. Wieder eine verlorene Nacht! Ich wollte eigentlich zurück nach Jerusalem, aber Hanna schlief so fest ein, dass wir ihn selbst mit vereinten Kräften nicht wecken konnten. Am Abend kehrten wir zum Platz an der Geburtskirche zurück, um wieder auf die Busse zu warten, und diesmal kamen sie. In den frühen Morgenstunden des 11. Mai kamen die 39 überlebenden Kämpfer, die sich in der Geburtskirche verschanzt hatten, endlich heraus, abgemagert, aber trotzig. Wie vereinbart, wurden 26 von ihnen in den Gazastreifen gebracht, während die 13, die die Israelis als besonders gefährlich einstuften, zusammen mit Alastair in eine Herkules-Transportmaschine der britischen Luftwaffe verfrachtet wurden, die sie nach Zypern flog.

Ich weinte vor Erleichterung, als ich sah, wie sie die Busse bestiegen. Die ganze Geschichte war so traumatisch gewesen und hatte sich so lange hingezogen, und damals war ich an dergleichen noch nicht gewöhnt. Ich ahnte nicht, dass es noch viel schwierigere Situationen gab – und dass ich sie im Irak kennenlernen würde. Jetzt war ich erst mal fix und fertig. Ich fuhr zum Flughafen und war heilfroh, als ich wieder in England landete. Fünf aufreibende Wochen lang war ich fort gewesen.

Elf Tage später verkündeten die Unterhändler der EU, dass von den 13 Ausgewiesenen, die auf Zypern interniert waren, drei nach Italien dürften, drei nach Spanien, zwei nach Griechenland, zwei nach Irland, einer nach Portugal und einer nach Belgien. Der Letzte, der Arafats Geheimdienstchef in Bethlehem gewesen war und den die Israelis als den Schlimmsten von allen betrachteten, wurde sechs Monate später von Mauretanien aufgenommen. Die 26 Kämpfer, die in den Gazastreifen gebracht worden waren, wurden dort sofort auf freien Fuß gesetzt; ein Gericht sahen sie nie.

Den Journalisten Michael Georgy sah ich erst 2003 wieder, als ich ihm nach der Befreiung des Irak vor dem „Palestine Hotel“ in Bagdad über den Weg lief. Er erzählte mir, dass er mich überall gesucht hatte. Ich fragte, warum, und er antwortete: „Ich möchte, dass Sie uns trauen.“ Ich fragte ihn, wer die Glückliche war, und er antwortete: „Orla natürlich!“ Ich glaubte ihm nicht und gab ihm meine Telefonnummer, damit Orla mich selbst anrufen konnte. Sie rief auch tatsächlich an. Jawohl, es stimmte, sie würden heiraten, und ob ich sie bitte trauen könnte. Was ich dann ein paar Monate später in Irland tat. Das war das einzig Gute, was bei der Belagerung der Geburtskirche herauskam: dass der schlechteste Journalist der Welt die beste Journalistin der Welt heiratete. (Jawohl, so habe ich es auf der Hochzeit gesagt!)

3
Irak: Alte und neue Finsternis

Als ich im Herbst 1998 der Nachfolger von Kanonikus Paul Oestreicher als Leiter der internationalen Arbeit in Coventry wurde, musste ich mich entscheiden, wo in der Welt unsere Versöhnungsarbeit am dringendsten gebraucht wurde. Mir war klar, dass das Engagement in der islamischen Welt höchste Priorität haben musste. Einer der Brennpunkte war hier Israel/ Palästina, wo ich schon so oft zu Gast gewesen war. Ein weiterer Brennpunkt war ein Land, das ich noch nie besucht hatte: der Irak. Der Golfkrieg von 1991 und die anschließend von den Vereinten Nationen beschlossenen Sanktionen, die den Wiederaufbau der Militärmaschinerie von Saddam Hussein verhindern sollten, hatten das Land schwer getroffen. Amerika, Großbritannien und Frankreich hatten darüber hinaus Flugverbotszonen im Norden und Süden des Landes eingerichtet, um die dort wohnende kurdische und schiitische Bevölkerung vor Angriffen der irakischen Armee zu schützen. Im Dezember 1998 hatte US-Präsident Bill Clinton massive Luftangriffe auf Bagdad befohlen.

Ich hatte mehrmals versucht, ein Einreisevisum in den Irak zu bekommen, aber immer hieß es, dass unsere Hilfe nicht benötigt würde. Im März 1999 versammelte ich mein Team in der Kathedrale von Coventry, und gemeinsam beteten wir darum, dass wir endlich eine Einreiseerlaubnis bekämen. Am nächsten Tag kam ein Fax von Tarik Aziz, dem stellvertretenden Ministerpräsidenten des Irak, der mich bat, ihn in der folgenden Woche in seinem Büro in Bagdad zu besuchen. Wie Erzbischof William Temple einmal sagte: „Wenn man betet, passiert etwas, und wenn man nicht betet, geschieht nichts." Ich flog nach Amman in Jordanien, von wo aus ein Auto mich durch die Wüste in die irakische Hauptstadt brachte.

Es war eine 13-stündige Gewalttour, die bald zu einem festen Bestandteil meines Lebens werden sollte. Die Straße von der Grenze nach Bagdad war sehr gut, aber Bagdad selbst machte einen schäbigen, heruntergekommenen Eindruck. Man brachte mich zu meinem Hotel, dem al-Rashid, wo man mich dem Geheimpolizisten vorstellte, der während meines gesamten Aufenthalts nicht von meiner Seite weichen sollte. Mein Zimmer war dreckig; noch viel schlimmer konnte ein Hotelzimmer nicht aussehen, fand ich. Zehn Jahre später *gibt* es in Bagdad ein Hotel, das noch schlimmer ist – das al-Rashid.

Ich merkte bald, was für ein Land der Irak war. Zu tun, was ich eigentlich tun wollte, oder auch nur zu sehen, was ich sehen wollte – daran war nicht zu denken. Man brachte mich mit diversen politischen und religiösen (sunnitischen, schiitischen und christlichen) hohen Tieren zusammen. Meine Aufpasser von der Mukhabarat, dem irakischen Geheimdienst, waren ständig dabei.

Jeder meiner Gesprächspartner sagte mir dasselbe: Dass die Sanktionen und die uranhaltigen Geschosse, die die Alliierten im Golfkrieg so fleißig eingesetzt hatten, das Land ruinierten. Alle hatten sie Angst vor meinen Aufpassern (es dauerte allerdings einige Zeit, bis ich das merkte), aber das machte das, was sie sagten, nicht weniger wahr. Man führte mich durch ein Krankenhaus, in welchem eine Station nach der anderen voller sterbender Kinder war, die entweder an Unterernährung oder an vom Uranstaub verursachten bösartigen Geschwülsten litten. Der Anblick erschütterte mich tief, was wohl auch der Zweck der Übung war.

Am Abend dieses Tages machte ich meinen ersten von vielen Besuchen bei dem Zigarrenraucher Mr Aziz. Er hatte eine wichtige Bitte: Ob ich nicht schon bald mit einigen Bischöfen und anderen Kirchenmännern wiederkommen könnte? Ich versprach ihm, mein Bestes zu tun.

Als ich den Irak am nächsten Tag wieder verließ, war ich halb erleichtert und halb traurig. Ich spürte die lähmende Angst, die dieses Land im Griff hielt, aber gleichzeitig merkte ich, wie ich dabei war, mich in seine Menschen zu verlieben, obwohl ich damals noch so gut wie nichts über sie wusste. Auf der endlosen Autofahrt zurück nach Jordanien musste ich immer wieder an die Worte aus Psalm 137 denken: „Wir saßen an den Flüssen Babylons und weinten ..."

Ganze sieben Wochen später kam ich zurück, wieder mit dem Auto aus Jordanien, mit mir vier Begleiter: Colin Bennetts (mein Bischof in Coventry), Peter Price (der damals Bischof meiner alten Diözese Kingston war), Clive Handford (damals Bischof von Zypern und der Golfregion, zu dessen Diözese der Irak gehörte) und Patrick Sookhdeo, der internationale Direktor des „Barnabas Fund", einer christlichen Organisation, die damals mir und meinen Kollegen bei unserer Versöhnungsarbeit unter den Muslimen des Nahen und Mittleren Ostens half.

Auch dieser Besuch war sehr produktiv. Ich traf mich vor allem mit Personen, die ich bereits kannte. Aber es gab zwei Leute, die mir neu waren und die mein Leben sehr prägen sollten. Die eine war Margaret Hassan, die im Irak die humanitäre Organisation „Care International" leitete. Fünf Jahre später sollte sie die erste gute Freundin von mir sein, die in dem Chaos, das über das Land hereinbrach, als Geisel genommen wurde, obwohl sie mit einem Iraker verheiratet und zum Islam übergetreten war. Mein Team und ich waren an dem Versuch beteiligt, sie zu befreien – ohne Erfolg. Der andere war Georges Sada, der Präsident der evangelischen Kirchen im Irak, ein leidenschaftlicher Christ, der bis zu seiner Zwangspensionierung 1986 Generalmajor der irakischen Luftwaffe gewesen war. Er wurde bald meine rechte Hand und blieb dies bis 2005, als die

1999: In den Ruinen der alten Kathedrale von Coventry überreiche ich (rechts) dem chaldäisch-katholischen Patriarchen Mar Raphael I Bidawid eine Nachbildung des Nagelkreuzes. Ebenfalls im Bild zwei Männer, die später wichtige Verbündete in der Suche nach Frieden im Irak wurden: Ayatollah Hussein al-Sadr und Scheich Dr. Abdel Latif Humayem.

Amerikaner einen Mann brauchten, der dem neuen irakischen Verteidigungsministerium vorstehen konnte.

Tarik Aziz war hocherfreut, dass ich so schnell mit meinem Bischofstrio zurückgekehrt war. Jetzt hatte er eine neue Bitte: Ob ich nicht eine Delegation hochrangiger irakischer Geistlicher nach Großbritannien und Amerika begleiten könnte. Ich sagte ihm, dass Amerika wohl nicht ginge, aber Mr Aziz hatte die Antwort parat: „Fragen Sie doch Billy Graham, der kriegt das hin!" Und er hatte recht, Billy Graham kriegte es hin. Der Besuch fand im September 1999 statt.

Die drei Delegierten, die die irakische Regierung ausgesucht hatte – ein Schiit, ein Sunnit und ein Christ – waren alle recht hochrangige Leute. Zwei von ihnen kannte ich bereits: Ayatollah Hussein al-Sadr (der wie alle Ayatollahs in direkter Linie Nachkomme des Imams Ali, des Schwiegersohns Mohammeds und Vaters des schiitischen Islam, war) und Mar Raphael I

Bidawid, der chaldäisch-katholische Patriarch. Doch der Dritte war mir neu. Scheich Dr. Abdel Latif Humayem war Saddams persönlicher Imam, also gewissermaßen sein Hofprediger; er hatte stellvertretend für Saddam die Pilgerfahrt nach Mekka gemacht und angeblich eine Abschrift des Korans mit dem Blut des Diktators gefertigt. Er war auch jeden Freitag der Hauptprediger im irakischen Fernsehen, weswegen ihn das CIA-Dossier „den Billy Graham von Bagdad“ nannte.

Fünf Tage lang mussten diese drei Würdenträger in Amman warten, weil die dortige amerikanische Botschaft ihnen kein Visum für die USA ausstellen wollte. Schließlich konnten sie dann doch nach Amerika, wo sie von Billy Graham und Expräsident Jimmy Carter empfangen wurden und die Niagarafälle besichtigten, aber erst, nachdem man sie fotografiert und ihnen wie ein paar Taschendieben die Fingerabdrücke abgenommen hatte. In Großbritannien dagegen genossen sie Prominentenstatus. In Coventry war Bischof Colin Bennetts ein erstklassiger Gastgeber. Das Programm war sehr gedrängt, aber zwei Begegnungen sind mir besonders im Gedächtnis geblieben. Die erste war ein herzliches, offenes Gespräch mit dem Erzbischof von Canterbury, George Carey. Ich hatte damals noch keinen Schimmer, dass er ein paar Jahre später ein Mitstreiter und lieber Freund von mir werden sollte.

Die zweite Begegnung fand am „Royal Institute of International Affairs“ in London statt (heute: Chatham House; eine Nichtregierungsorganisation, die sich mit Fragen der internationalen Politik befasst; d. Übers.). Gegen Ende des Abends standen mehrere Vertreter der „Al-Khoi Foundation“ auf. Sie entrollten ein großes Transparent mit über zweihundert Fotos von Gesichtern und baten den Ayatollah, den Anwesenden zu sagen, wer diese Menschen waren. Der Ayatollah, der wusste, dass Spitzel zugegen waren, zitierte zur Antwort eine Stelle aus dem Koran. Schließlich sagte einer der Fragesteller den Anwesenden selbst, dass dies lauter Fotos von Menschen aus der

Familie des Ayatollahs waren, die unter dem Saddam-Regime ermordet worden oder verschwunden waren.

Ganz hinten im Saal stand ein Mann, der den Ayatollah nicht ansprach, aber ihn intensiv anschaute, während ihm die Tränen über die Wangen liefen. Erst Jahre später fand ich heraus, dass er einer von Ayatollah al-Sadrs besten Freunden war und dass sie sich nicht mehr gesehen hatten, seit er 1979 nach London geflüchtet war. In Großbritannien war er ein Neurologe und nannte sich Mow Baker; nach dem Irakkrieg ging er in seine Heimat zurück und nahm wieder seinen alten Namen an: Dr. Mowaffak al-Rubaie. Er wurde bald in den neuen, 25-köpfigen Irakischen Regierungsrat gewählt und bekam später vom amerikanischen Administrator des Landes, Paul Bremer, einen Fünf-Jahres-Vertrag als Berater für nationale Sicherheit. Heute ist er einer meiner engsten Freunde und Berater.

Diese Tage führten zu neuen, wichtigen Freundschaften und besiegelten meine Beziehung zu den Christen, Schiiten und Sunniten im Irak. Der Patriarch starb leider ganze zwei Monate nach der Befreiung seines Landes, aber zehn Jahre nach diesen Begegnungen gehören Ayatollah al-Sadr und Scheich Dr. Abdel Latif nach wie vor zu meinen engsten Verbündeten in dem Bemühen, die religiösen Spaltungen in ihrem Land zu heilen. Der Ayatollah ist ein Mann großer Heiligkeit und Weisheit, den ich bei allem, was ich im Irak tue, konsultiere. Auch der Scheich ist ein wunderbarer Mann, und bezeichnenderweise haben die beiden auch zueinander ein Verhältnis der Freundschaft und Achtung entwickelt.

Ein Weiterer, den ich hier erwähnen muss, ist Fadel Alfatlawi, ein Doktorand in Coventry, der während dieses Besuchs seiner Landsleute für uns übersetzte. Als ich nach dem Sturz Saddams in den Irak zurückkehrte, lud ich ihn ein, sich meinem Team anzuschließen, und ein gutes Jahr später wurde er der Nachfolger von Georges Sada als Generalsekretär des neuen „Irakischen Friedensinstituts“ („Iraqi Institute of Peace“).

Mit meinem nahen Freund Dr. Mowaffak (Zweiter von rechts) im Gespräch mit dem armenisch-orthodoxen Erzbischof von Bagdad, Avak Asadorian (in Kopenhagen).

Mit Paul Bremer, dem ehemaligen amerikanischen Zivilverwalter im Irak, bei einem Dinner zu meinen Ehren im Pentagon (2007).

Danach besuchte ich den Irak mehrmals im Jahr. Dr. Aziz bestand immer darauf, dass ich ihn besuchte, wozu ich ihm oft eine Flasche seiner Lieblingssauce mitbrachte; die britischen Medien nahmen das zum Anlass, mir vorzuwerfen, „mit dem Teufel zu spielen". Ich kam immer wieder ins irakische Fernsehen, wenn ich die UN-Sanktionen gegen das Land verurteilte. Mit Georges Sada an meiner Seite war ich an zahlreichen Projekten zur Öffnung von Kommunikationskanälen und Linderung von Leiden beteiligt. Nicht zuletzt konnte ich bei der Gründung des ersten irakischen Knochenmarktransplantationszentrums Geburtshilfe leisten und sein medizinisches Team zur Ausbildung nach Großbritannien holen.

Ich hatte viele Termine mit den meisten von Saddams Ministern (Saddam selbst bekam ich nie zu Gesicht) und pflegte und vertiefte meine Beziehungen zu den verschiedenen Geistlichen, die ich kannte. Mein einziges Anliegen war, Not zu lindern und Frieden zu stiften. Es hatte allerdings einen denkbar unangenehmen Beigeschmack, als ich mit den beiden widerlichen Söhnen Saddams beim Dinner sitzen musste und sie mir für das, was ich für ihr Land tat, dankten.

Am 11. September 2001 saß ich in meinem Arbeitszimmer in Coventry und bereitete mich auf meine nächste Irakreise am folgenden Tag vor, als die Nachrichten von den Terrorangriffen auf das World Trade Center in New York und das Pentagon kamen. Mir war sofort klar, dass nichts mehr so sein würde wie vorher. Und dass ich nicht am nächsten Tag nach Bagdad könnte.

Aber ein paar Tage später schaffte ich es doch, und das Allererste, was Tarik Aziz sagte (oder besser: rief), als er mich begrüßte, war: „*Abuna* [Vater] Andrew, sagen Sie Ihren Leuten, dass wir damit nichts zu tun gehabt haben! Wir sind Revolutionäre und keine Terroristen!" Ich antwortete, ohne nachzudenken: „Eure Exzellenz, es ist egal, ob Sie Terroristen oder Revolutionäre sind, die Amerikaner werden Sie kriegen." Was stimmte.

Plötzlich wollte die CIA mit mir über Saddams Massenvernichtungswaffen reden; ich war nicht mehr der lästige Pfarrer. Ich versicherte der CIA, dass diese Waffen existierten. Ich stehe heute nach wie vor zu dieser Aussage. Die Waffen wurden nie gefunden, weil sie außer Landes geschafft wurden, bevor die Waffeninspektoren der UN eintrafen. (In seinem 2006 erschienenen Buch *Saddams Geheimnisse,* Brunnen Verlag Gießen, 3. Auflage 2008, wird Georges Sada noch deutlicher: Noch im Sommer 2002 lagerten im Irak chemische Waffen, die dann nach Syrien verbracht wurden.)

Als ich im Oktober 2002 nach Bagdad ging, wusste ich, dass dies das letzte Mal war, bevor der Angriff der Amerikaner kam. Ich hatte meine Arbeit als Friedensstifter zwischen dem Irak und dem Westen begonnen, und diese Mission war eindeutig gescheitert. Aber mittlerweile glaubte ich nicht mehr, dass das, was die Iraker brauchten, Versöhnung mit dem Westen war. Nein, das Regime der Baath-Partei musste weg!

Ich war nicht mehr prinzipiell gegen einen Krieg. Wo ich ging und stand, flüsterte man mir zu, dass das Land jemanden brauchte, der es aus dem Eisengriff Saddams befreite. Die Menschen wussten, dass sie selbst das nicht schaffen konnten. Spät an meinem letzten Abend in Bagdad gelang es mir, meine Aufpasser vom Geheimdienst abzuschütteln und einen Spaziergang mit Georges zu machen. Ich fragte ihn: „Wie schaffst du das weiterzumachen, wenn alles so verfahren ist?“ Zur Antwort zitierte er Worte aus dem Propheten Habakuk:

> „Noch trägt der Feigenbaum keine Blüten, und der Weinstock bringt keinen Ertrag, noch kann man keine Oliven ernten, und auf unseren Feldern wächst kein Getreide; noch fehlen Schafe und Ziegen auf den Weiden, und auch die Viehställe stehen leer. Und doch will ich jubeln, weil Gott mir hilft, der Herr selbst ist der Grund meiner Freude!“ (Habakuk 3,17-18)

In den folgenden Jahren haben diese Worte mich immer wieder gestärkt und mir die Kraft vermittelt, nicht aufzugeben.

Ich war gerade in Cambridge und schrieb mit einem Forschungsstipendium des Clare College ein kleines Buch, als der Krieg begann. Saddam bekam 48 Stunden, um den Irak zu verlassen, und als das Ultimatum am 20. März auslief, begannen Bomben und Marschflugkörper auf die Stadt und die Menschen herabzuregnen, die ich so liebte. Ich sah keine Alternative, und doch tat es mir in der Seele weh. Der Zusammenbruch des Baath-Regimes geschah rasch, und schon bald durften wir erleben, wie Saddams Informationsminister, Muhammad Sayed al-Sahaf (den ich kannte und mochte), im Fernsehen beteuerte: „Ich garantiere euch dreifach, dass es keine amerikanischen Soldaten in Bagdad gibt" – während man über seiner Schulter sah, wie ein Abrams-Panzer in die Innenstadt hineinfuhr. Stunden später war die ganze Welt Zeuge, wie die riesige Statue des Diktators auf dem al-Ferdos („Paradies")-Platz von amerikanischen Soldaten umgestürzt und von jubelnden Irakern mit den Füßen bearbeitet wurde. (Heute befindet sich die obere Hälfte der Statue in Dr. Mowaffaks Wohnzimmer.)

Jetzt, wo die Menschen im Irak endlich frei reden konnten, entdeckte ich zu meiner großen Ernüchterung: In all den Jahren, wo ich ihr Land immer wieder besucht hatte, hatten selbst die Menschen, die mir am nächsten standen, zu viel Angst gehabt, um mir zu sagen, in was für einer Hölle sie wirklich lebten. Erst jetzt erzählte Georges mir zum Beispiel, dass er 1991 neun Monate lang im Gefängnis gewesen war, weil er sich geweigert hatte, Kriegsgefangene zu töten. Mein Fahrer, Nashwan, berichtete mir, dass man seinem Vater, einem General, ein Auge ausgestochen hatte, weil er sich geweigert hatte, einen besonders brutalen Befehl auszuführen. Und dieser Vater und Georges galten als Menschen, die noch einmal davongekommen waren …!

So schnell ich konnte, begab ich mich zum Haus von Ayatollah al-Sadr in Bagdad. Dort erfuhr ich von seinen Anhängern, wie grausam das Saddam-Regime diesen alten Mann gefoltert hatte. Andere erzählten mir von ihren eigenen Leiden. Ein Mann war mehrere Tage lang in einem Sarg eingeschlossen gewesen. Ein anderer hatte das „Verbrechen“ begangen, von einer Reise nach Syrien einen Tag zu spät zurückzukommen. Die Schergen der Mukhabarat führten ihn in seine Wohnung, wo sie bereits seine Familie gefangen hielten. Dort vergewaltigten sie seine Frau vor seinen Augen, dann nahmen sie seinen dreijährigen Sohn an den Füßen, zerschmetterten ihm den Kopf an der Wand und erschossen den Rest seiner Familie. Dann gingen sie. Das war das Regime von Saddam Hussein.

Im Gespräch mit einem amerikanischen Soldaten in Bagdad. Die Bronzestatue von Saddam Hussein ist eine von vieren, die seinen Republikanischen Palast schmückten.

Doch es wurde bald klar, dass die Leiden des Landes noch nicht vorbei waren. Die Koalition beging mehrere schwere Fehler. Erst schauten ihre Truppen tatenlos zu, wie Krankenhäuser, Museen, Universitäten und Bibliotheken sowie alle Ministerien mit Ausnahme des Ölministeriums geplündert wurden.

Dann unterließ es die Koalition, sofort die Grenzen des Landes zu sichern. Das war ein noch schlimmerer Fehler. Als ich nach dem Krieg das erste Mal von Amman nach Bagdad fuhr, bestanden die Grenzkontrollen aus einem einzigen, Kaugummi kauenden amerikanischen Soldaten, der nur wissen wollte, wo wir herkamen. Es dauerte nicht lange, und militante Schiiten aus Syrien und dem Iran sowie al-Qaida-Kämpfer und andere sunnitische Radikale kamen in Scharen ins Land. An der Grenze zu Jordanien begegnete ich persönlich drei jungen Asiaten mit britischem Pass, die mir frank und frei sagten, dass sie „gegen die Koalition kämpfen" wollten.

Ich hatte schon frühzeitig die britische und amerikanische Regierung vor der Gefahr religiöser und ethnischer Konflikte im Land gewarnt und ihnen dringend geraten, das Gespräch mit den Oberhäuptern der verschiedenen Gruppen zu suchen, aber die Regierungen hielten das für typisches Pastorengeschwätz. Ich habe noch den Antwortbrief vom britischen Außenministerium, das mir Anfang 2003 mitteilte, dass man zunächst einmal die Wasser- und Stromversorgung sicherstellen müsse und das mit der Religion noch etwas warten könne. Heute, während ich dieses Kapitel schreibe (im Oktober 2008), ist die Wasser- und Stromversorgung immer noch wacklig …

Vor allem die Ignoranz der Amerikaner war manchmal hanebüchen. Sie hatten keine Ahnung von Land und Leuten und versicherten mir, dass der Irak ein säkulares Land sei. Direkt nach dem Krieg schlugen sie allen Ernstes die Einrichtung eines nationalen Religionsrates in Bagdad vor; er sollte aus zwölf Mitgliedern bestehen, davon die Hälfte Frauen und keinem einzigen Geistlichen …!

Die Briten hatten mehr Ahnung, wurden aber von den Amerikanern ignoriert. Und weder die britische noch die amerikanische Regierung schien konkrete Vorstellungen davon zu haben, wie der Frieden im Land zu sichern war.

Ich habe das Buch von Rajiv Chandrasekaran, *Imperial Life in the Emerald City* (Random House, New York 2006), gelesen, das die amerikanische Administration im Irak nach dem Krieg beschreibt, und muss sagen, dass das Bild, das er zeichnet, sehr zutreffend ist. Die Übergangsverwaltung der Koalition war ein gut gemeintes Chaos. Sie verfügte über Hunderte von Experten – Experten im Aufbau von Systemen, die in Amerika funktionieren, aber nicht im Irak. Und manche Experten waren noch nicht einmal das; den Auftrag, die Bagdader Börse wieder in Gang zu bringen, bekam ein junger Soldat, der noch nie in seinem Leben im Finanzsektor gearbeitet hatte.

Zivilverwalter Paul Bremer, der Nachfolger von Exgeneral Jay Garner und dessen sehr kurzlebigem Ministerium für Wiederaufbau und humanitäre Hilfe, war ein toller Mann, hatte aber keinerlei Kenntnisse von der arabischen Welt. Seine früheren Tätigkeiten als Botschafter in den Niederlanden und als „Sonderbotschafter für Terrorismusbekämpfung“ unter Ronald Reagan hatten ihn in keiner Weise für die Überwachung einer der komplexesten Gesellschaften der Welt qualifiziert. Angeblich war Bremer persönlich dafür verantwortlich, dass die irakische Armee und Polizei bis auf den letzten Mann aufgelöst wurden. Es war klar, dass man nicht jeden in der Armee belassen konnte, aber dass buchstäblich alle entlassen wurden, war eine maßgebliche Ursache für die Wut und Anarchie, die dann das ganze Land erschütterten. Über Nacht hatten Hunderttausende Männer, die ausgebildete Kämpfer waren und nach wie vor ihre Waffen hatten (!), keinen Arbeitsplatz mehr, kein Einkommen, keinen Status, aber dafür jeden Grund zu revoltieren.

Das Justizministerium war im Hauptquartier der Koalitions-Übergangsverwaltung, dem riesigen Republikanischen Palast Saddams, in einem Treppenhaus untergebracht.

Eine neue Finsternis senkte sich über das Land. Einen Tag, nachdem Saddams Statue umgerissen worden war, wurde mein Freund Abdelmadschid in der heiligen Stadt Nadschaf von einem wütenden Mob buchstäblich zerhackt. Nur wenige Tage zuvor hatte ich auf einer Konferenz über Religion und Gewalt in Schloss Windsor in England mit ihm und Prinz Philip beim Dinner gesessen. Dieser junge, erst 40 Jahre alte Ayatollah hatte mir erzählt: Die Amerikaner hatten ihn gebeten, so bald wie möglich aus seinem Exil in den Irak zurückzukehren, um beim Wiederaufbau des Landes zu helfen. Er bat mich, mit ihm zu gehen. Ich sagte ihm, dass es meiner Meinung nach noch zu früh für eine Rückkehr war, aber er war gegangen – und jetzt war er tot. Bis heute weiß niemand, wer seine Ermordung angeordnet hatte, obwohl ein irakischer Richter später einen Haftbefehl gegen einen anderen schiitischen Geistlichen ausstellte: Muqtada al-Sadr, den hitzköpfigen jungen Neffen von Ayatollah al-Sadr, dessen Miliz, die Mahdi-Armee, ein großes Problem für die Koalition werden sollte.

Die Ermordung von Ayatollah al-Khoi kann man auf das Konto der Machtkämpfe zwischen verschiedenen schiitischen Gruppierungen verbuchen, aber diese waren mitnichten die einzige Konfliktursache. Ich habe oben bereits die zügige Infiltration des Irak durch militante Schiiten und Sunniten erwähnt, die sowohl den Westen als auch einander hassten. Nachbarstaaten wie Syrien und der Iran begannen, die Brände zu schüren, teils, um den USA zu schaden, und teils, weil die Aussicht auf eine Demokratie vor ihrer Haustür ihnen Angst macht.

Viele der Aufständischen waren ehemalige Anhänger Saddams, die durch seinen Sturz Geld, Prestige und Macht verloren hatten. Andere nutzten das Chaos einfach als willkommene Gelegenheit, alte Rechnungen zu begleichen oder eine kriminelle Karriere zu beginnen. Es gab auch Menschen, die naiv erwartet hatten, dass ein befreiter Irak über Nacht den Lebensstandard der Golfstaaten erreichen würde, und wütend wurden, als dies nicht eintraf.

In den ersten Wochen nach dem Krieg, als ich mich noch alleine auf die Straßen von Bagdad wagen konnte, sah ich einmal einen großen Demonstrationszug, der gleichzeitig „Tötet Saddam!“ und „Tötet Amerika!“ schrie. 2004 wurde die Wut durch die Folterungen im Gefängnis Abu Ghraib weiter angeheizt, durch den blutigen Angriff auf Falludscha (wo US-Streitkräfte Phosphorbomben einsetzten; d. Übers.), ausgerechnet im Fastenmonat Ramadan, und solche (zum Glück seltenen, aber trotzdem furchtbaren) Vorkommnisse wie das durch US-Marines verübte Massaker 2005 bei Haditha. Und dann gab es natürlich noch die Zehntausenden jungen Arbeitslosen, die sich von jedem, der sie wollte, als Kämpfer anheuern ließen.

Mord und Totschlag wurden in Bagdad bald ein ganz normaler Bestandteil des Alltags. Die internationale oder „Grüne“ Zone war jetzt von bombensicheren Barrikaden und Stacheldraht umgeben. Die außerhalb von ihr liegenden Hotels in der „Roten“ Zone glichen eher Gefängnissen als Hotels, mit dem Unterschied, dass Gefängnisse normalerweise nicht mit Raketen beschossen werden.

Es waren vor allem zwei Gewalttaten im August 2003, die das Versinken des Landes in ein blutiges Chaos ankündigten. Erst explodierte vor der jordanischen Botschaft eine riesige Autobombe, die 14 Tote und 40 Verletzte forderte. Zwölf Tage danach zerstörte der erste Selbstmordattentäter des Landes das UN-Hauptquartier im alten „Canal Hotel“; unter den 23 Toten war auch der Leiter der UN-Mission, Sergio Vieira de Mello, ein weiterer Freund von mir. Irgendjemand hatte Rache für all die Jahre der UN-Sanktionen genommen.

Längst kann ich die Freunde und Kollegen, die ums Leben gekommen sind, nicht mehr zählen. Samir, mein neuer Fahrer und einer meiner Projektassistenten, kam noch einmal davon, als eine Autobombe mit 500 Kilo Sprengstoff vor dem Palast hochging, während ich drinnen in der Kapelle predigte. Die Hitze war so gewaltig, dass sie Autotüren buchstäblich zuschweißte, sodass die Insassen elend verbrannten. Viele Male wäre ich selbst um ein Haar erschossen oder von einer Explosion zerrissen worden. Hunderte von Geistlichen und Politikern sind durch Anschläge ums Leben gekommen; wie viele „Normalbürger“ gestorben sind, hat man gar nicht erst zu zählen versucht.

Als Saddam Ende 2003 gefasst wurde, gab es eine kurze Pause in dem Blutvergießen, aber sie dauerte nicht lange. Der Satz: „Jedes Mal, wenn ich denke, dass die Gewalt nicht noch schlimmer werden kann, wird sie schlimmer“ wurde in den folgenden vier Jahren ein Standardsatz in meinen regelmäßigen Rundbriefen an meine Freunde.

Als der Krieg vorbei war, hatte das amerikanische Außenministerium mich gebeten, eine Rolle beim Wiederaufbau des Irak zu übernehmen. Meine allerersten Kontaktpersonen waren der britische Sonderbevollmächtigte John Sawers (mein alter Freund aus Alexandria) und der ranghöchste britische Soldat im Irak, Generalmajor Tim Cross. Es war Cross (der vier Jahre zuvor wertvolle Erfahrungen im Kosovo gesammelt hatte), der mir riet, ein, zwei Wochen mit meiner Rückkehr nach Bagdad zu warten, „bis die Situation unter Kontrolle ist“. Der britische „Missionschef“ in Bagdad war Christopher Segar, ein erfahrener Diplomat, der fließend Arabisch sprach und rasch ein zentraler Verbündeter wurde.

Unsere Suche nach Frieden für den Irak begann mit und durch ihn. Er sprach regelmäßig mit den verschiedenen führenden Geistlichen, mit denen ich zu tun hatte, und sorgte dafür, dass das britische Außenministerium die Mittel für unsere Arbeit zur Verfügung stellte. Er ist heute einer der Kuratoren meiner Stiftung. Auch Paul Bremer sowie sein britischer Vertreter, Sir Jeremy Greenstock, unterstützten uns sehr.

Einen Tag nach dem anderen machten Georges Sada und ich die Runde bei den britischen, amerikanischen und irakischen Hauptakteuren in dem Drama. Alle fanden die Idee von Ayatollah al-Sadr, ein Institut für religiöse Toleranz zu gründen, hochinteressant. Allerdings sagte mir Prinz Hassan von Jordanien, ein Freund von George Carey, dessen Familie einst den Irak regiert hatte, dass Toleranz nicht ausreichte; was wir brauchten, war gegenseitige Achtung. Er hatte natürlich recht.

Scheich Dr. Abdel Latif war außer Landes geflohen, aber wir spürten ihn schließlich in Amman auf, und er setzte aus seinem Exil alle Hebel in Bewegung, um uns zu helfen. Unter den Sunniten war allein schon sein Name ein Türöffner. Meine erste Zusammenkunft mit Scheich Dr. Abdel Qadir al-Ani in Bagdad zum Beispiel ließ sich gar nicht gut an (er hielt mich für einen CIA-Agenten) – bis ich beiläufig erwähnte, dass Dr. Abdel Latif mein Freund war. Am Ende des Gesprächs hatte ich die feste Zusage des Scheichs in der Tasche, zusammen mit uns für den Frieden zu arbeiten. Andere Gespräche waren ähnlich schwierig, aber viele zeitigten positive Ergebnisse.

Am 24. Februar 2004 konnten wir nach monatelangen Verhandlungen viele der einflussreichsten Kleriker des Landes im Hotel „Babylon" zusammenbringen. Ayatollah al-Sadr und Scheich Dr. Abdel Qadir al-Ani saßen Seite an Seite am Kopf des Tisches – zwei der wichtigsten Muslime in Bagdad, die sich das erste Mal trafen. Die meisten Religionen und religiösen Gruppen des Landes waren vertreten. Allerdings trafen die christlichen Erzbischöfe erst am nächsten Tag ein, um die Vereinbarung zu unterzeichnen; sie fühlten sich im neuen Irak sehr unsicher und hatten Angst davor, ins Kreuzfeuer der Schiiten und Sunniten zu geraten.

Die Vereinbarung, genannt „Bagdader Religionsabkommen" („Baghdad Religious Accord"), basierte (was wir natürlich nicht laut sagen durften) auf der Alexandria-Erklärung.

Sie erklärte, dass das „Töten Unschuldiger im Namen Gottes eine Entweihung der Gesetze des Himmels ist", verurteilte Fanatismus und Sektierertum und rief die Unterzeichner dazu auf, alles in ihrer Macht Stehende zu tun, „um ein Ende aller Akte der Gewalt und des Blutvergießens herbeizuführen, die das Recht der Menschen auf Leben, Freiheit und Würde verletzen". Das Abkommen wurde von 39 führenden Geistlichen unterzeichnet. Es war eine historische Leistung und ein großer Tag, auch wenn es erst ein Anfang war.

Vier Monate darauf wurde im überwiegend kurdischen Norden des Landes das „Religionsabkommen von Dokan" unterzeichnet. Der einzige Unterschied in der Formulierung des Dokuments war, dass aus Rücksicht auf die religiöse Minderheit der Jesiden Korruption, Gewalt und Zerstörung nicht als „Werke des Teufels" bezeichnet wurden. (Im Mittelpunkt der jesidischen Religion steht der aus dem Himmel verstoßene und dann wieder in Gnaden aufgenommene „Engel Pfau"; von ihren muslimischen Nachbarn werden die Jesiden deshalb „Teufelsbeter" genannt; d. Übers.)

Wir hatten solche Hoffnung in diesen ersten Tagen. Wir glaubten ehrlich, etwas ändern zu können. Wir arbeiteten Tag und Nacht, um diese Religionsabkommen in die Tat umzusetzen, und vor allem, um das „Irakisches Zentrum für Dialog, Versöhnung und Frieden" („Iraqi Center for Dialogue, Reconciliation and Peace", ICDRP) zu gründen (alle fanden, dass in dem Namen das Wort „Dialog" vorkommen musste). Wir richteten sechs Arbeitsgruppen ein, die sich mit den verschiedenen Aspekten unserer Aufgabe befassten:

- Frauen, Religion und Demokratie
- Jugend und junge Leute
- Die Medien
- Religionsfreiheit und Menschenrechte
- Dialog zwischen den Religionen
- Konfliktprävention und -lösung

Im Viertel al-Khadamiya, in der kurzen Phase nach der Befreiung Bagdads, als es für Ausländer noch möglich war, sich aus der „Grünen Zone“ hinauszuwagen.

Der erste Vorsitzende des ICDRP (das bald in „Irakisches Friedensinstitut“, „Iraqi Institute of Peace“, abgekürzt IIP, umbenannt wurde) wurde der bereits mehrfach erwähnte Dr. Mowaffak (ein Schiit, Berater für nationale Sicherheit und enger Freund von mir), und als erste Zentrale in Bagdad benutzten wir ein wunderbares Haus am Ufer des Tigris, das seiner Frau gehörte. Es wurde bald einfach als „das Zentrum“ bekannt. Es lag in al-Khadamiya, einem überwiegend schiitischen Viertel, aber die Leute hatten keine Hemmungen, dorthin zu kommen, obwohl ich bei der Eröffnung nicht weniger als 39 Wächter mit Maschinenpistolen zählte.

Doch unser Optimismus zerstob, als eines Tages ein Verwandter von Saddam zu uns gebracht wurde, damit wir ihn der Polizei auslieferten. Ich rief die amerikanische Botschaft an, damit sie ihn abholen ließ, und das Büro des irakischen Ministerpräsidenten, um es über den Stand der Dinge zu informieren.

Nach einer Weile kamen vier amerikanische Soldaten, die unseren Mann diskret abholten – und 45 Minuten darauf über hundert Polizisten in Zivil aus dem neuen Innenministerium. Sie schlugen mich und drohten, mich zu erschießen, verwüsteten das Haus und stahlen unsere Computer und über 20.000 Dollar in bar. Es war eine harte Lektion in Sachen Einheit und Vertrauenswürdigkeit der neuen irakischen Regierung. Am nächsten Tag forderte die britische Botschaft mich auf, zu meiner eigenen Sicherheit in die Grüne Zone umzuziehen.

Wir gewöhnten uns schließlich an diese Achterbahnfahrt zwischen Hochstimmung und Verzweiflung. Sobald man sich in dem einen Extrem befand, wusste man, dass das andere nicht weit war. Im März 2004 wurde am Weltfrauentag die neue, freiheitliche Übergangsverfassung veröffentlicht; den Anblick der auf den Straßen von Bagdad tanzenden, singenden und weinenden Frauen werde ich nie vergessen. Aber keine Woche zuvor waren bei einer Attentatserie von al-Qaida am Aschura-Tag, dem höchsten schiitischen Gedenk- und Trauertag, mindestens 178 schiitische Gläubige umgekommen und über weitere 500 verletzt worden.

Die Übertragung der Souveränität über das Land von der Übergangsverwaltung der Koalition (CPA) an die irakische Übergangsregierung am 28. Juni 2004 war von einer neuen Welle der Gewalt begleitet. Als die ersten demokratischen Wahlen des Landes, zur Bestimmung der Übergangs-Nationalversammlung, näher kamen, drohten die Aufständischen damit, jeden, der wählen ging, zu töten, doch am 30. Januar 2005 gingen fast 8,5 Millionen Menschen an die Wahlurnen, und eine Zeit lang war das Land voller Stolz. Als fast ein Jahr später das erste neue Parlament gewählt wurde, gingen über zwölf Millionen Menschen zur Wahl, was einer Wahlbeteiligung von fast 80 Prozent entsprach. Doch die Gewalt ging weiter, ja sie wurde schlimmer.

Ein Gebiet, wo wir besonders viel Freude und (leider viel öfter) Leid erlebten, waren die zahlreichen Verhandlungen zur Freilassung von Geiseln, die nach April 2004 immer mehr von meiner Zeit in Anspruch nahmen. Geiselnahmen waren im neuen Irak zu einer Seuche geworden. Die meisten Entführer waren gewöhnliche Kriminelle, die das schnelle Geld machen wollten, und die meisten Opfer waren irakische Bürger der Mittelklasse bzw. ihre Kinder. Doch wenn die Entführer einen Ausländer in ihre Gewalt brachten, verkauften sie ihn gewöhnlich an Terroristen weiter, und das war eine kompliziertere Sache. Briten und Amerikaner brachten die höchsten Lösegelder – und die lautesten Schlagzeilen in den westlichen Medien. Diese interessierten sich beispielsweise wenig für die armen Filipino-Lastwagenfahrer, die entführt und brutal ermordet wurden (oft vor laufender Kamera).

Durch das „Irakische Friedensinstitut" wurden wir in viele Entführungsfälle involviert und mit der Zeit richtig erfahren. Die Verhandlungen waren oft hoch kompliziert, unsicher und langwierig und immer sehr nervenaufreibend. Mehrere Iraker in meinem Team wurden umgebracht.

Als ich 1998 zum Leiter der internationalen Arbeit an der Kathedrale von Coventry ernannt worden war, hatte man an eine Amtszeit von fünf Jahren gedacht. Ich legte die Aufgabe schließlich im Juli 2005 nieder, um mich noch mehr der Arbeit zu widmen, die Ruth Heflin mir prophezeit hatte – den Frieden in Jerusalem und im Nahen und Mittleren Osten zu suchen. Inzwischen hatte ich zusammen mit George Carey meine eigene Stiftung gegründet, und die meisten der entscheidenden Mitarbeiter aus meiner Zeit am „Internationalen Versöhnungszentrum" in Coventry – vor allem Fadel und Samir in Bagdad und Hanna in Jerusalem – begleiteten mich weiter in meinem neuen Wirkungsfeld.

Eine typische Szene in der „Grünen Zone“ zwei Jahre später. Jetzt herrschten Beton und Plastik (das Plastik ist hier der Pass um unseren Hals). Direkt hinter mir Fadel Alfatlawi.

4
Licht im Tunnel

Ende August 2008 saß ich in Beirut mit vier der wichtigsten irakischen Geistlichen zusammen, als einer von ihnen bemerkte, dass „2006 und 2007 rein nichts geschehen war“. Keiner von uns fragte ihn, was er meinte. Wir wussten es auch so. Die beiden Jahre waren so schwierig gewesen. Unser Kampf für den Frieden war weitergegangen, aber die Entführungen und das Morden auch. Wir hatten gehofft, dass die Lage sich ändern würde, aber die Veränderung schien so furchtbar langsam zu kommen. Das Blutvergießen wollte kein Ende nehmen. An einem einzigen Tag im November 2006 wurden zum Beispiel in Sadr City, dem armen schiitischen Vorort von Bagdad, durch Granaten und Autobomben 215 Menschen getötet. Ich schrieb damals: „Im Jahre [2005] konnte ich noch über individuelle Gewaltakte und Tragödien schreiben, aber jetzt erfolgt das Blutvergießen so ununterbrochen, dass man buchstäblich nicht mehr weiß, was man alles erwähnen soll.“

Bald konnte das „Irakische Friedensinstitut“ (IIP) nicht mehr von seiner ursprünglichen Basis in al-Khadamiya aus arbeiten. Dieses fast völlig schiitische Viertel in Bagdad wurde ständig von dem überwiegend sunnitischen Viertel al-Adhamiya am anderen Ufer des Tigris aus angegriffen, und für nicht schiitische Besucher war al-Khadamiya jetzt natürlich sowieso ein zu heißes Pflaster. Doch trotz aller Widerwärtigkeiten arbeitet das IIP nach wie vor, mit tatkräftiger finanzieller Unterstützung durch das „US-Friedensinstitut“.

Ich habe versucht, mein Engagement in der Leitung des IIP zu drosseln, um anderen eine Chance zu geben, aber in Wirklichkeit ist es noch gewachsen. Sein erster Leiter, Fadel Alfatlawi, musste den Irak verlassen, nachdem der Preis, der auf seinen Kopf ausgesetzt war, immer höher geworden war. Er ist als Generalsekretär des „Irakischen Friedensinstituts“ durch Essam al-Saadi ersetzt worden. Wie Samir, mein engster Mitstreiter im Irak, ist Essam ein ehemaliger Rechtsanwalt und arbeitet auch für den nationalen Sicherheitsberater des Irak, Dr. Mowaffak al-Rubaie, für den er die Medienarbeit leitet. Er ist ein Schiite Ende dreißig, sehr verlässlich, mit besten Beziehungen nach allen Seiten und jemand, der die Dinge in Bewegung bringen kann. Wie ich wohnt er jetzt in der Grünen Zone, und seit 2006 treffen wir uns jeden Abend zu einer Lagebesprechung. Er ist bei allen internationalen Gipfeln der „Stiftung für Hilfs- und Versöhnungsarbeit im Nahen und Mittleren Osten“ („Foundation for Relief and Reconciliation in the Middle East“, FRRME) dabei gewesen (für die er auch die Medienarbeit macht), und er, Samir und ich sind mittlerweile als „das Dreieck“ bekannt. Ich hatte früher so viele Menschen in meinem Team im Irak, aber heute sieht es oft so aus, als ob es nur uns drei gibt: Essam, Samir und mich.

Samir Raheem al-Soodani, der nach dem Irakkrieg zuerst mein Fahrer war, ist jetzt der irakische Direktor der FRRME und mein Mann Nr. 1. Er übersetzt auch für mich, nachdem Professor Sadoon al-Zubaydi, Saddam Husseins Dolmetscher, der später mit mir arbeitete, nach Jordanien gezogen ist. Alle, mit denen wir arbeiten, kennen Samir und vertrauen ihm, und auch er ist jemand, der etwas bewegen kann. (Ich teile die Welt in zwei Kategorien auf: Menschen, die etwas bewegen können, und solche, die dies nicht können. Ich schätze, dass nur vier Prozent der Menschen zur ersten Gruppe gehören, und mit solchen Menschen arbeite ich.)

Für Samirs Frau und Tochter ist Bagdad zu gefährlich geworden. Mithilfe des Pentagons haben sie eine Sonderaufenthaltserlaubnis für die USA bekommen. Samir selbst darf ebenfalls dort wohnen, wenn er nicht im Irak ist, aber dies geschieht nicht sehr oft, sodass er seine Lieben nur selten sieht.

Wir alle drei haben unser Quantum an Todesdrohungen erhalten. Ich selbst musste den Irak mehrmals fluchtartig verlassen, das bisher letzte Mal im Juli 2007, als überall in Bagdad Plakate mit meinem Konterfei und der Aufschrift „Gesucht, tot oder lebendig" erschienen. Meine Widersacher kündigten an: Wenn ich nicht das Land verließ, würden die Geiseln, die ich zu befreien versuchte, getötet (was bedeutete, dass die Drohungen wohl nicht von al-Qaida kamen). Die britische Botschaft befahl mir daraufhin, das Land zu verlassen, und am folgenden Tag flog ich heimlich nach Bahrain. Meine Frau und meine Kinder mussten selbst zu Hause in England, in der ländlichen Idylle von Hampshire, eine Zeit lang das Haus verlassen, weil die Polizei Angst um ihr Leben hatte. Caroline erzählte mir, dies sei das erste Mal gewesen, dass sie wegen meiner Tätigkeit Angst bekommen hatte (ich glaube, den Jungen hat es nichts ausgemacht).

Nach einem Monat in Großbritannien kehrte ich in den Irak zurück. Meine Kollegen hatten ihre Friedensarbeit ohne mich fortgesetzt, aber ich wurde auch in der St. George's Church in Bagdad und in der US-Kapelle im früheren Republikanischen Palast von Saddam gebraucht. Ich muss gestehen, der Gedanke, dass eines Tages vielleicht auch ich im Irak entführt oder getötet werden könnte, ist mir zwar gekommen, hat mir aber noch nie schlaflose Nächte bereitet.

Mit den Leuten, die für meine persönliche Sicherheit zuständig sind, habe ich großes Glück gehabt; sie machen einen exzellenten Job. Anfangs sorgten Männer der „Controlled Risk Group" (CRG) für unsere Sicherheit, zum absoluten Sonderpreis von 750 Dollar pro Tag. Eines Tages im Jahr 2006 saß ich in meinem Wohnwagen in der Grünen Zone, als es an die Tür klopfte. Es war Paul Wood, ein ehemaliger Fallschirmregimentsoffizier, der inzwischen für das Sicherheitsunternehmen „Kroll Security International" arbeitete, mit dem wir bei mehreren Geiselnahmen eng zusammengearbeitet hatten. Er fragte mich, wie viel wir für unseren Schutz zahlten, und bot an, für den halben Preis für uns zu arbeiten. Als die CRG uns ebenfalls den halben Preis anbot, sagte Paul, dass Kroll mich und Samir umsonst schützen würde.

Von Stund an haben seine Mannen für mich gesorgt, als ob ich zur Familie gehörte. Später wurde Kroll von dem kanadischen Unternehmen „GardaWorld" übernommen, das sich heute um alles kümmert, was ich in Bagdad brauche, einschließlich Unterkunft, Verpflegung und sogar Wäsche. Im Mai 2007 erhielt es in Anerkennung der phänomenalen Dienste, die es für uns geleistet hat, von der FRRME den ersten „Preis für Frieden im Mittleren Osten".

Im Jahre 2006 bot die irakische Regierung ein Bild der Zerstrittenheit und Unfähigkeit. Das Hin und Her über die neue Verfassung lähmte das Gesetzgebungsverfahren. Besondere Streitpunkte waren die Dezentralisierung der Macht an neue autonome „Regionen" und die Verteilung der Öl- und Gaseinnahmen. Wichtige Gesetzesvorhaben blieben liegen. Das Parlament, das im März zusammentrat, fing bald an, den Glauben an den Ministerrat zu verlieren, der unfähig schien, irgendetwas Wichtiges zustande zu bringen. Mancher mag hier einwenden, dass dies halt die unvermeidlichen Kinderkrankheiten einer neuen Demokratie waren, aber der Irak konnte sich solche Kinderkrankheiten nicht leisten – in einer Situation, wo die eskalierende Gewalt alles lahmlegte, von der Stromversorgung bis zu den Schulen.

Anfang Mai stürzte die Regierung von Ibrahim al-Jaafari. Ich hatte mich regelmäßig mit Dr. Jaafari getroffen und war gut mit ihm zurechtgekommen; er ist ein guter, netter Mann, aber er war ein schwacher Ministerpräsident. Ein Nachfolger für ihn war nicht in Sicht. Schließlich wählte die große schiitische Koalition, die Dr. Jaafari in sein Amt gebracht hatte, Nuri al-Maliki, den Chef der Daawa-Partei. Ich dachte zuerst, dass er nicht genügend Autorität haben würde, um sich zu halten,

Mit Ibrahim al-Jaafari vor seiner Residenz des Ministerpräsidenten, vor seinem Sturz im Mai 2007.

Mit dem gegenwärtigen irakischen Ministerpräsidenten, Nuri al-Maliki. Daneben (v.l.n.r.) Peter Maki, Oberst Hoyt, Dr. Mowaffak al-Rubaie und Samir Raheem al-Soodani.

aber er belehrte mich eines Besseren. Er ist ein großer Freund unserer Versöhnungsarbeit; er weiß, wie schwierig sie ist, aber auch, dass sie der einzige Weg in die Zukunft ist. Ich treffe mich gerne mit ihm.

Inzwischen war al-Qaida im Irak immer aktiver und effektiver geworden. In den ersten Jahren nach dem Krieg spielten ihre (meist aus dem Ausland kommenden) Kämpfer eine eher kleine Rolle in dem Konflikt, aber sie war der bekannteste „Markenname“ in der Welt des Terrorismus und war (wenn auch zu Unrecht) vor der Invasion in einem Atemzug mit Saddam genannt worden. Daher überraschte es nicht, dass ihre Präsenz unter den Aufständischen ihr Schlagzeilen in den westlichen Medien brachte. Im Pentagon brach Jubel aus, als der „Emir“ von al-Qaida im Irak, der einbeinige Jordanier Abu Musab al-Zarqawi, im Juni 2006 bei einem Luftangriff ums Leben kam, doch danach wurde die Rolle von al-Qaida in dem Konflikt nur noch größer. Heute sind die meisten ihrer Kämpfer im Land Iraker, und sie greifen jeden an, der nicht ihre extreme sunnitische Ideologie teilt. Sie sehen ihr Land in ihrem Krieg gegen Amerika an vorderster Front und wollen der Welt beweisen, dass die Amerikaner besiegt sind – aber die meisten ihrer Opfer sind ihre eigenen Landsleute.

Der Kampf um Frieden und Versöhnung ging weiter, aber, wie es schien, im Schneckentempo. Seit Anfang 2005 war es unser hauptsächliches Ziel, ein großes Gipfeltreffen zu organisieren, um zu einem ähnlichen Dokument wie der Alexandria-Erklärung zu kommen, das von den Oberhäuptern aller im Irak vertretenen Religionen unterschrieben wurde. Samir und ich sowie der junge Amerikaner Peter Maki, der mittlerweile mein Projektleiter war, hatten endlose Sitzungen mit Politikern und Geistlichen. Langsam, ganz langsam kamen wir unserem Ziel näher.

Dann, im Juni 2006, informierte mich mein Freund und Helfer im Pentagon, Jerry Jones, dass das amerikanische Verteidigungsministerium beschlossen hatte, die ganze Serie von Gipfeltreffen, die wir ins Leben zu rufen versuchten, zu finanzieren. Das war ein echter Durchbruch! Das britische Außenministerium hatte unsere Arbeit das erste Jahr nach dem Krieg finanziert, aber danach waren keine Mittel mehr geflossen. Das amerikanische Militär hatte noch nie in eine Arbeit wie unsere investiert, aber jetzt hatten wir also seine Unterstützung – und es ist ohne jede Frage die größte Macht im Irak.

Es gibt Menschen, die das Pentagon nur als Feind des Friedens sehen können und nicht verstehen, wie wir dieses Geld annehmen und so eng mit dem amerikanischen Militär zusammenarbeiten konnten. Tatsache ist jedoch, dass im Irak die US-Armee unser wichtigster Partner bei der Suche nach Frieden geworden ist. Jeden Tag erlebe ich, wie diese Soldaten (manchmal ganz buchstäblich) ihr Leben für dieses Land geben. Ich sehe ihre Kraft, ihren Mut und ihre Hingabe. Für manche Leute ist es nicht leicht, das einzusehen, aber die Wahrheit ist, dass man in der heutigen Welt die größten Friedensstifter beim Militär findet. Die US-Armee im Irak wies auch ihre Militärgeistlichen an, mit mir zusammenzuarbeiten.

Der Mann hinter diesen Entscheidungen war Gordon England, der 2005 der Nachfolger von Paul Wolfowitz als Stellvertretender US-Verteidigungsminister wurde, nachdem Wolfowitz der Chef der Weltbank geworden war. Mr England ist ein ebenso freundlicher wie frommer Mann und heute sehr in unserer Arbeit engagiert. Wenn ich im Pentagon bin, besuche ich ihn immer, und er hört mir aufmerksam zu. Ein weiterer guter Verbündeter im Pentagon ist der pensionierte General Mick Kicklighter, ein bemerkenswerter Mann Gottes, der 2004 ein regelmäßiger Besucher meiner anglikanischen Gottesdienste in Saddams Präsidentenpalast war. Er hat nie einen Hehl daraus gemacht, dass er „diese Irak-Geschichte" als das Werk Gottes sieht – und jetzt ist er der Generalinspektor im US-Verteidigungsministerium.

Schulter an Schulter mit Gordon England, dem stellvertretenden US-Verteidigungsminister, in seinem Büro im Pentagon (April 2008).

Als Saddams Palast das Hauptquartier der Provisorischen Koalitionsverwaltung wurde, nutzten wir seinen Thronsaal als Gottesdienstraum, und der Leiter des Gottesdienstes saß auf dem vergoldeten Thron. Hier relaxe ich mit zwei Freunden aus der US-Armee.

Im Herbst 2006 fingen wir an, konkrete Pläne für das erste der Treffen des „Irakischen Religionskongresses" („Iraq Inter-Religious Congress", II-RC) zu machen. Wir hatten vorgehabt, dieses Treffen in Großbritannien durchzuführen, und ich verbrachte mit meinen Kollegen von der FRRME mehrere Tage mit den Vorbereitungen und den Verhandlungen mit dem britischen Außenministerium.

Die Sicherheitskosten waren ein großes Problem. Wir wollten an einem Ort in der Grafschaft Surrey in Südengland tagen, aber die Polizei erklärte uns, dass die Sicherheitsvorkehrungen fast eine Million Pfund kosten würden. Das Außenministerium gab mir drei Tage, um das Geld zusammenzubekommen (es glaubte offensichtlich nicht, dass dies möglich war). Nun, ich hatte die Million nach einem Tag zusammen. Als ich die Leute im Außenministerium davon in Kenntnis setzte, sagten sie mir, dass der Gipfel trotzdem nicht in Surrey stattfinden konnte. Wahrscheinlich hatten sie die ganze Zeit vorgehabt, Nein zu sagen. Sie unterstützen zwar unsere Arbeit, aber sie wollten eine solche Hochrisiko-Gruppe von Delegierten nicht in England haben.

Frustriert fingen wir von vorne an. Wir hatten viele Gründe, warum wir einen Veranstaltungsort außerhalb des Irak suchten. Bagdad war so gefährlich, dass viele höchst ungern dorthin gingen. Und es war nicht nur gefährlich; selbst im besten Hotel kam oft kein Wasser aus den Hähnen. Wir sondierten Italien, wo ich gute Beziehungen zu einem der Nachrichtendienste hatte, nachdem ich bei der Befreiung mehrerer italienischer Geiseln im Irak geholfen hatte. Wir dachten auch an Malta. Einer meiner Freunde arbeitete im maltesischen Hochkommissariat in London, und die Insel hatte definitiv ihre Vorteile. Doch weder Italien noch Malta wollte uns haben, und schließlich blieb uns nur Bagdad.

Die Verhandlungen für die Zusammenkunft dauerten viele, viele Wochen. Oft arbeitete ich bis weit nach Mitternacht und wurde dann morgens um sechs von den nächsten Raketensalven geweckt. Vor dem eigentlichen Gipfel gingen wir im April 2007 nach Amman, zu einer Art „Vorkonferenz“ mit einigen der wichtigen sunnitischen Führer, die teilnehmen würden. Meine amerikanischen Freunde Bill und Connie Wilson, die unsere Haupt-Gebetspartner sind, reisten aus Jerusalem an, um in ihrem Hotelzimmer für uns zu beten, und Oberst Mike Hoyt, der ranghöchste amerikanische Militärgeistliche im Irak, begleitete uns ebenfalls. Er hielt den Delegierten aus irgendeinem Grund einen gelehrten Vortrag über „die Trennung von Kirche und Staat“, den sie nicht verstanden, da für einen Muslim Staat und Religion untrennbar sind.

Scheich Dr. Abdel Latif Humayem erinnerte mich pausenlos daran, dass wir noch auf die wichtigsten Delegierten warteten, die aus Syrien kamen. Sie trafen schließlich ein, und ich setzte mich mit ihrem Chef zusammen, einem Iraker in den Vierzigern. Ich weiß, wer dieser Mann ist, kann seinen Namen hier aber nicht nennen. Äußerlich machte er einen gebildeten und „westlichen“ Eindruck, komplett mit Schlips und Anzug. Aber er entpuppte sich als einer der widerlichsten Menschen, die ich je gesehen habe – und ich habe mein Quantum an Fieslingen erlebt. Es war ein sehr schwieriges Gespräch, und manchmal kochte ich innerlich. Wahrscheinlich hatte Scheich Dr. Abdel Latif gehofft, dass ich mit diesem Mann würde reden können, aber es zeigte sich, dass er nur gekommen war, um mich zu bedrohen. Er erzählte mir lang und breit, dass Großbritannien und Amerika für das, was sie im Irak machten, teuer würden bezahlen müssen. Einen seiner Sätze, den ich damals noch nicht verstand, werde ich nie vergessen: „Die, die euch heilen, werden euch töten.“

Am Abend dieses Tages schrieb ich an die Freunde meiner Stiftung: „Heute bin ich dem Teufel begegnet.“

Wenige Monate später, Ende Juni, konnte im Londoner West End die geplante Explosion zweier Autobomben gerade noch verhindert werden, und einen Tag darauf versuchten zwei Männer, am Flughafen Glasgow ein mit Propangasflaschen beladenes Auto zur Explosion zu bringen. Insgesamt acht Muslime wurden im Zusammenhang mit diesen geplanten Anschlägen verhaftet; fünf von ihnen waren Ärzte, zwei weitere Medizinstudenten!

Am 3. Juli saß ich im al-Rashid und trank Tee mit einer meiner wenigen britischen Freundinnen im Irak. Es war Debbie Haynes. Ich erzählte ihr von meiner Begegnung mit dem Teufel und was er gesagt hatte. Ich wusste, dass Debbie Journalistin war, dachte mir aber nichts weiter dabei. Am nächsten Tag prangte der Satz „Die euch heilen, werden euch töten" als Schlagzeile auf der Titelseite der *Times*, und das Rampenlicht der Öffentlichkeit hatte mich eingeholt. Ich gab an diesem Tag nicht weniger als 78 Interviews; die Reporter standen Schlange.

Im al-Rashid hatten wir auch im vorangegangenen Monat, vom 11. bis 13. Juni 2007, endlich das erste Treffen des „Irakischen Religionskongresses" (II-RC) abgehalten. Es gab nur sporadisch Strom im Hotel, und die Klimaanlage funktionierte nicht (die Temperatur draußen sank selten unter 45 Grad). Dazu kam die ständige Gefahr von Raketenangriffen und Bombenattentaten. Ich hielt damals meine Gedanken in den folgenden Worten fest:

„Zweieinhalb Jahre Nonstop-Arbeit für zweieinhalb Tage Konferenz. Wir haben weit über 2 Millionen Dollar für die Vorbereitung ausgegeben und monatelang mit einigen der schwierigsten Menschen, die man sich vorstellen kann, zusammengesessen. In den letzten Wochen haben [mein Team in Großbritannien,] Samir und ich buchstäblich Tag und Nacht gearbeitet, um die Konferenz zu organisieren. Ich arbeite seit Jahren hart, aber so etwas hatte ich noch nicht erlebt. Die letzten Tage konnten [wir] kaum noch sprechen. Heute lag einer

meiner Mitarbeiter auf dem Fußboden und schlief wie ein Stein. Diese Friedensarbeit ist nicht einfach …

Es war viel schwieriger, die Veranstaltung im Irak durchzuführen, als in irgendeinem anderen Land. Die Sicherheitsvorkehrungen sind ungeheuer – Hubschrauber, Panzer und Bodentruppen, obwohl wir doch in der [Grünen] Zone tagen. Die gute Nachricht ist, dass die [US-]Armee die Sache sehr, sehr ernst nimmt und absolut auf Nummer sicher geht. Ich hoffe und bete, dass alle Delegierten sicher ankommen werden. Es geht um die Zukunft des Irak!"

Die Konferenz war die größte Zusammenkunft von Geistlichen verschiedener Religionen, die es je im Irak gegeben hatte. An die 70 führende religiöse und ethnische Verantwortliche kamen aus dem ganzen Land, einschließlich Basra, Falludscha und Tikrit (die Heimatstadt Saddams). Auch die Kurden und Christen waren vertreten. Dr. Mowaffak war da, ebenso verschiedene Parlamentsabgeordnete, unter anderem die Menschenrechtsministerin, Wijdan Michael Salim, eine chaldäische Katholikin, eine der bemerkenswertesten Persönlichkeiten in der Regierung. (Sie und ihre ganze Familie sind gute Freunde von mir geworden. Der älteste ihrer drei Teenager-Söhne, Osama, war 2008 mit einigen der jungen Leute aus meiner Bagdader St. George-Gemeinde in Großbritannien.)

Das Abkommen („Zweites Bagdader Religionsabkommen"), das die Delegierten in Gegenwart der Botschafter Amerikas, Großbritanniens, Dänemarks und Italiens unterzeichneten, war (wenn auch nicht absichtlich) ähnlich formuliert wie das „Bagdader Religionsabkommen" von 2004, jedoch mit einem wichtigen Unterschied: Zum ersten Mal wurde al-Qaida von den sunnitischen wie schiitischen Führern des Irak mit Namen genannt und verurteilt. Dies war auch das erste religionsübergreifende Dokument, das die irakische Verfassung anerkannte und die irakische Regierung aufrief, das Gespräch mit den Sprechern der verschiedenen religiösen und ethnischen Gruppen zu suchen. Es verurteilte auch den illegalen Besitz von Waffen. Die Delegierten erklärten ihre Entschlossenheit, sich regelmäßig zu Gesprächen über Strategien zur Eindämmung der Gewalt zu treffen, und richteten eine Reihe von Arbeitsgruppen ein, die sich mit solchen Themen befasste wie „Religion und Kultur“ (Pflege der guten Beziehungen zwischen den verschiedenen Religionen und Suche nach Gemeinsamkeiten in Ethik und Moral) und „Wiederaufbau“ (Wiederaufbau von so ziemlich allem, von Moscheen bis Abwässerkanälen).

Das Dokument hatte den persönlichen Segen des Ministerpräsidenten, Nuri al-Maliki, der seinen Berater für religiöse Angelegenheiten, Sayed Dr. Fadel al-Shara schickte, um es stellvertretend für ihn zu unterzeichnen, und Fördergelder von der Regierung zusagte. Es zeigte sich auch, dass Großayatollah Ali al-Sistani (die Persönlichkeit, die im Irak die größte Autorität genoss) voll hinter der Verurteilung des unerlaubten Waffenbesitzes stand.

Eines meiner besonderen Anliegen war, dass wir versuchten, die verschiedenen Friedensinitiativen im Irak zusammenzuführen – nicht nur die Religionsabkommen von Bagdad und Dokan und die Arbeit des „Irakischen Friedensinstituts“ (IIP), sondern auch die „Erklärung von Mekka“. Sie war das Ergebnis einer unabhängigen Initiative, die von der Organisation der Islamischen Konferenz gesponsort worden war und den Segen des Großayatollahs al-Sistani wie des Großimams der al-Azhar-Moschee in Kairo, Scheich Tantawi, hatte. Das Dokument erklärte, dass „Blut, Besitz, Ehre und guter Ruf aller Muslime“ sowie *alle* Kultstätten heilig sind, verurteilte jegliche Beschimpfung und Diffamierung, rief zur Freilassung aller Geiseln sowie zur Rückkehr aller (muslimischen wie nicht muslimischen) Vertriebenen auf und zitierte die Worte des Korans: „Versöhnung ist am besten.“

Kairo, Anfang 2007: Irakische schiitische und sunnitische Geistliche beraten sich mit dem Großimam der al-Azhar-Moschee (ganz rechts).

Scheich Abdel Halimjawad Kadhum al-Zuhairi, der diese Versammlung der 29 sunnitischen und schiitischen Gelehrten geleitete hatte, die die Erklärung von Mekka 2006 im irakischen Fernsehen live unterzeichneten (und der später zum Chefberater für religiöse Angelegenheiten von Ministerpräsident Nuri al-Maliki ernannt wurde), arbeitet seit Oktober 2007 mit uns zusammen.

Eine Schwäche unseres zweiten Bagdad-Abkommens war, dass die höchsten sunnitischen Oberhäupter des Irak heute alle im Exil leben, sodass keiner von ihnen kommen konnte und ihre Unterschriften auf dem Abkommen fehlten. Aus diesem Grund brachten wir im August 2007 eine Handvoll von ihnen in Kairo zusammen, dazu einen der ranghöchsten Mitarbeiter von Großayatollah al-Sistani, Ayatollah Ammar Abu Ragif, der selbst ein neuer Schlüsselteilnehmer an diesem Prozess ist.

Es ist in der arabischen Kultur üblich, dass die höchsten Würdenträger Vertreter zu Zusammenkünften schicken, doch in diesem Fall kamen sowohl Scheich Dr. Ahmed al-Kubaisi als auch Scheich Dr. Abdel Latif persönlich.

Die meisten der Anwesenden waren sich noch nie persönlich begegnet, und das gegenseitige Misstrauen saß tief. Zudem waren sie samt und sonders Menschen, die fanatisch gegen die amerikanische Präsenz im Irak waren und sich bislang geweigert hatten, mit Vertretern der Koalition (die Allianz der Staaten, die den Einmarsch im Irak und den Kampf der USA dort unterstützen; d. Übers.) zu reden – aber jetzt saßen sie mit meinem Kollegen, dem amerikanischen Militärgeistlichen Oberst Hoyt, an einem Tisch. (Diese Muslime akzeptieren die Geistlichen des US-Militärs als religiöse Führer, aber es war nicht einfach, die Amerikaner in den Versöhnungsprozess einzubinden, weil sie Soldaten sind und auch so aussehen. Als einer von ihnen in Armeestiefeln zu einem Gespräch erschien, nahmen einige der Iraker mich beiseite und sagten: „Diese Stiefel haben unsere Türen eingetreten.“)

Nach langem Hin und Her stellten diese sunnitischen Oberhäupter sich hinter die beiden Bagdad-Abkommen von 2004 und 2007 und erklärten sich bereit, eine Art Umsetzungskomitee für die Beschlüsse dieser Abkommen zu bilden. Sie erklärten ihre Entschlossenheit, „terroristische Gewalt und Milizenaktivitäten zu beenden, um ein zivilisiertes Land aufzubauen und innerhalb des gesetzlichen Rahmens zu arbeiten“. Und sie beschlossen, „die höchsten religiösen Oberhäupter so bald wie möglich“ einzubinden und „das Gespräch mit anderen einflussreichen und aktiven religiösen Führern mit den höchsten Qualifikationen zu suchen, um an einer umfassenden *Fatwa* zu arbeiten“ (ein Rechtsgutachten islamischer Geistlicher, in dem festgestellt wird, ob eine Handlung mit den Grundsätzen des islamischen Rechts vereinbar ist; d. Übers.). Damit riefen sie indirekt auch andere führende sunnitische Geistliche dazu auf, aus dem Exil in den Irak zurückzukehren, um den Versöhnungsprozess zu unterstützen (und ich glaube, auch Scheich Dr. al-Kubaisi und Scheich Dr. Abdel Latif werden dies eines Tages tun). Es war eine einfache Erklärung, aber eine, die weitreichende Folgen haben sollte.

Mit meinem Freund Scheich Dr. Ahmed al-Kubaisi vor seinem Haus in Dubai. Samir ist wie immer mit dabei.

Damals hatte der lange erwartete „Ruck“ endlich angefangen, sich in Bagdad und dem sogenannten Sunnitischen Dreieck bemerkbar zu machen. Die „Neue Strategie“, wie sie amtlich genannt wurde, hatte schon zu Beginn des Jahres begonnen. Die multinationalen Truppen im Irak waren durch etwa 30.000 weitere amerikanische Soldaten verstärkt worden, von denen die meisten in Bagdad stationiert wurden. Die neue Strategie hatte ein neues Ziel: Den Irakern zu helfen, den Schutz ihrer eigenen Städte und Viertel selbst in die Hand zu nehmen. Die irakische Armee war immer noch überwiegend schiitisch, aber jetzt schlossen sich ihr viele Sunniten an, und dank der erstklassigen Ausbildung, die sie durch die Koalitionstruppen erhielt, war sie eine echte Kraft im Land geworden – viel besser als die Armee, die sich 2003 bei der Invasion der Koalition mehr oder weniger aufgelöst hatte. Dr. Mowaffak sorgte dafür, dass sie die amerikanischen Truppen voll unterstützte, und es begannen gemeinsame Operationen von Irakern und Amerikanern, unter anderem gemeinsame Patrouillen, die zuerst von den Amerikanern, später dann von den Irakern geleitet wurden.

Einen Großteil des Erfolges der neuen Strategie verdankt die Koalition meines Erachtens General David Petraeus, der am 26. Januar 2007 als neuer Befehlshaber der Koalitionstruppen in Bagdad eintraf. Er ist ein wunderbarer Mann, von ernstem, aber einnehmendem Wesen, und es gelang ihm, den Respekt der führenden ethnischen und religiösen Persönlichkeiten des Landes zu gewinnen. Ich verstand mich sehr gut mit ihm. Nicht zuletzt entdeckte ich, dass ich das, was ich ihm nicht während der Woche sagen konnte, oft am Sonntag von der Kanzel aus sagen konnte. Wenn mein Team eine wichtige Sitzung hatte, schickte ich ihm eine entsprechende E-Mail, die er stets beantwortete – als guter Soldat gewöhnlich kurz und knapp mit einem Satz. Ein weiterer Weg zu ihm führte über einen seiner Untergebenen, General Moore, dem ich über alles, was wir machten, berichtete.

Zunächst schien die neue Strategie nichts an dem Blutzoll im Land zu ändern. Am 3. Februar 2007 tötete eine einzige Bombe 135 Menschen auf einem überfüllten Markt im Zentrum von Bagdad; über 300 weitere wurden verletzt. Einen Monat danach forderte eine Serie von Anschlägen auf schiitische Pilger an einem einzigen Tag 137 Tote und 310 Verletzte.

Eine der Auswirkungen der neuen Strategie war, dass die Gewalt weiter von Bagdad wegrückte, bis hin in den kurdisch dominierten Norden, der bislang ziemlich ruhig gewesen war, da al-Qaida jetzt in Gegenden auswich, in denen es nicht so viele Soldaten gab. Am 27. März zum Beispiel brachte der furchtbarste einzelne Anschlag im Irak seit Ende des Krieges 152 Menschen in Tal Afar den Tod, einer Stadt im Nordwesten nahe der syrischen Grenze. (Das Blutvergießen ging am folgenden Tag weiter, als schiitische Bewaffnete, darunter Polizisten, die gerade nicht im Dienst waren, durch die sunnitischen Viertel der Stadt zogen. Sie fesselten alle Männer, die sie ergreifen konnten, und töteten sie durch Kopfschuss. Mindestens 70 Männer wurden bei diesen Vergeltungsaktionen getötet, weitere 40 wurden entführt.) Nicht, dass es im Zentrum des Iraks ruhig war: Im April starben bei zwei Selbstmordattentaten in der schiitischen heiligen Stadt Kerbela 100 Menschen, in Bagdad riss eine Autobombe 140 in den Tod. Das waren natürlich nur die Gräueltaten, die es in die Schlagzeilen schafften; Tatsache war, dass das Blutvergießen täglich weiterging.

2007 mit General David Petraeus. Ganz rechts im Bild steht mein Mitstreiter Samir Raheem al-Soodani, links neben dem General Oberst Mike Hoyt, Peter Maki und ganz links ein weiterer General.

Doch die amerikanische Strategie begann trotz allem, Erfolge zu zeitigen. Eine ganz entscheidende Entwicklung war, dass viele der sunnitischen Aufständischen die Fronten wechselten. General Petraeus erfuhr durch seine Informanten in al-Anbar, die Sunniten dort hätten den Eindruck, dass die al-Qaida-Männer, die an ihrer Seite kämpften, allmählich die Kontrolle über die Provinz an sich rissen und mittlerweile eine größere Bedrohung waren als die Koalition oder die schiitisch dominierte Regierung in Bagdad. Petraeus bat mich, Scheich Dr. Abdel Latif um seine Unterstützung zu ersuchen, der großen Einfluss bei den sunnitischen Scheichs und Stammesführern genießt, und ich verbrachte viele Stunden damit, ihm die Pläne des Generals zu erklären. Bald begannen bewaffnete einheimische Männer – die Amerikaner nannten sie „engagierte Bürger" –, die Kontrolle über ihre Viertel zurückzuerobern, nicht nur in al-Anbar, sondern auch in Bagdad und den benachbarten Provinzen Babil, Diyala, Salahuddin und Nineva. Sie wurden als „die Söhne des Irak" bzw. „das Erwachen" bekannt. Im April 2008 gab es über 95.000 solche Bewaffnete, Schiiten wie Sunniten. Fast alle standen sie im Dienst der US-Armee, die ihnen monatlich 300 Dollar für die Aufrechterhaltung von Recht und Ordnung zahlte.

Diese Strategie ist nicht unumstritten. Kritiker im Westen haben behauptet, dass sie den Frieden von heute mit den Privatarmeen und Abspaltungen von morgen erkauft. Der irakische Ministerpräsident Nuri al-Maliki sieht in den „Söhnen des Irak" den Beginn einer bewaffneten sunnitischen Opposition. Doch man kann es auch anders sehen. Ein prominenter Sunnit hat es mir gegenüber so formuliert: Indem er den Menschen Autorität und Respekt sowie Geld gegeben hat, hat General Petraeus ihnen ihr Land zurückgegeben.

Tatsache ist, dass dies im Irak vielerorts die einzige Methode ist, Frieden zu schaffen – und sie funktioniert. Die Millionen Dollar, die diese Strategie zunächst das Pentagon und seit

Oktober 2008 die irakische Regierung gekostet hat, sind viel weniger als die Kosten, die auf das Land zugekommen wären, wenn das Chaos unverändert weitergetobt hätte.

Doch der Frieden ist immer noch eine zarte Pflanze, und wenn man ihn für selbstverständlich nimmt, kann er leicht wieder verloren gehen. Die irakische Regierung hat zugesagt, 20 Prozent der „Söhne des Irak“ in die reguläre Armee zu integrieren und den Rest so lange weiterzubezahlen, bis sie Arbeitsplätze im zivilen Sektor finden; wenn es nach mir ginge, kämen sie alle in die Armee.

Einmal fragte das Pentagon bei mir an, ob wir nicht eine christliche Version der „Söhne des Irak“ bilden könnten. Ich antwortete, dass es vielleicht in Amerika anging, dass bewaffnete Christen durch die Straßen patrouillierten, aber ganz sicher nicht im Mittleren Osten.

Leider begann sich die Lage der Christen im Irak 2006, als die muslimischen Milizen sie ins Visier nahmen, erheblich zu verschlechtern. 2007 sagte ein amerikanischer Offizier, der im Bagdader Viertel al-Dora stationiert war, dass dort jeden Monat über 500 Christen ermordet wurden; die Kirchen waren alle geschlossen, und der Exodus der Christen war in vollem Gang. Früher gab es an die 700.000 Christen im Land, obwohl bis Anfang 2003 die Sanktionen und der Krieg bereits etwa 200.000 ins Ausland getrieben hatten. Ende 2008 gab es höchstens noch 55.000 Christen. Viele sind geflohen – nach Jordanien, Syrien oder in den Libanon oder in den Westen (dort vor allem nach Schweden, wo es eine Zeit lang sehr leicht war, Asyl zu bekommen). Übrig bleiben im Irak zunehmend die Ärmsten der Armen.

Ähnliches wie für die Christen gilt für die anderen religiösen Minderheiten des Landes. Die meisten der 25.000 Mandäer (eine gnostische Religionsgemeinschaft; d. Übers.), die es nach der Volkszählung von 1997 gab, haben das Land verlassen, und von den 109 Juden, die 1997 im Irak lebten (die letzten

Überreste einer Gemeinde, die auf das Babylonische Exil im 6. Jahrhundert v. Chr. zurückgeht), sind heute ganze acht übrig geblieben, die kleinste der Minderheiten im Irak; sie haben große Angst vor der Zukunft.

Doch der Konflikt zwischen Schiiten und Sunniten zeigt nachlassende Tendenzen. Von Juni bis November 2007 sank die monatliche Zahl der Todesopfer im ganzen Land um 70 Prozent. Ich glaube, dass nicht nur die neue Strategie der Koalition, sondern auch unsere Versöhnungsarbeit hier anfing, Früchte zu tragen. Man vergleiche einmal die Reaktionen auf die wiederholten Angriffe auf die al-Askari-Moschee in Samarra, die Sunniten wie Schiiten heilig ist, vor allem aber Letzteren, weil dort die Gräber des zehnten und elften Imam sind. Als im Februar 2006 Bomben ihre goldene Kuppel zerstörten, forderten Vergeltungsangriffe im ganzen Land das Leben von Tausenden von Sunniten. Im Juni 2007 – genauer gesagt: während der Pressekonferenz, die auf unseren ersten Irakischen Religionsgipfel (für das zweite Bagdader Religionsabkommen) folgte – wurde die Moschee erneut angegriffen und zwei ihrer Minarette zerstört. Alle unsere Delegierten, Sunniten wie Schiiten, verurteilten diese Tat. Einen Monat später wurde auch der Glockenturm der Moschee in die Luft gejagt. Bemerkenswerterweise gab es keine Vergeltungsaktionen. Muqtada al-Sadr reagierte auf die Provokation mit der Feststellung, er glaube nicht, dass sunnitische Araber hinter dem Anschlag standen, und rief zu drei Tagen der Trauer und friedlichen Demonstrationen auf. Im August, nachdem unsere Konferenz in Kairo al-Qaida öffentlich verurteilt hatte, bekamen die „Söhne des Irak“ erheblichen Zulauf, während auf der schiitischen Seite Muqtada al-Sadr seiner Mahdi-Armee befahl, die Kämpfe einzustellen.

Sieben Monate später schickte er seinen Sprecher, Scheich Salah al-Ubaidi, zu unserer nächsten Gesprächsrunde in Kairo. Es schien, dass wir trotz allem Fortschritte machten!

5
Man muss die richtigen Leute kennen

Doch die Spirale des Bösen drehte sich weiter. Am 14. August 2007 brachten Selbstmordattentäter, die fast mit Sicherheit zu al-Qaida gehörten, einen Tanklastwagen und drei andere mit Sprengstoff vollgestopfte Fahrzeuge zur Explosion – in den jesidischen Dörfern al-Qataniya und al-Adnaniya im Nordwesten des Landes, in der Nähe von Mosul. Viele der aus Lehm und Stein erbauten Häuser wurden dem Erdboden gleichgemacht und begruben ihre Bewohner unter sich. Ein Augenzeuge berichtete, dass es aussah wie nach einer Atombombenexplosion. Erst hieß es, dass es 250 Tote gegeben hatte, dann über 500 Tote und 1.500 Verletzte; die Amerikaner kamen schließlich auf insgesamt 796 Tote.

Die Opfer waren lauter Einheimische – Kurden aus der Religionsgemeinschaft der Jesiden, die in den Dörfern um Lalish und im ganzen nördlichen Irak wohnen. Man schätzt, dass es im Irak etwas über 200.000 Jesiden gibt, was etwa die Hälfte aller Jesiden der Welt wäre. Sie werden oft als Teufelsanbeter bezeichnet, was auf einem Missverständnis beruht. Sie beten ein Wesen namens *Melek Taus* („Engel Pfau") an, das sie auch *Shaytan* nennen – der Name, mit dem der Koran den Teufel bezeichnet. Das Verhältnis der Jesiden zu den irakischen Christen ist im Allgemeinen gut, doch die extremeren Muslime hassen sie, und es kommt oft zu Übergriffen gegen sie und die Christen. Leider sind die meisten Jesiden so arm, dass sie es sich nicht leisten könnten, den Irak zu verlassen, selbst wenn sie dies wollten. Im April 2007 gerieten sie zunehmend ins Visier der Gewalttäter, nachdem eine 17-jährige Jesidin in ihrem Dorf gesteinigt wurde, angeblich, weil sie zum Islam übertreten wollte, um einen jungen Muslim zu heiraten. Kurz darauf wurden in Mosul 23 meist ältere jesidische Männer aus einem Bus gezerrt, an eine Wand gestellt und erschossen.

Und so ging es weiter. Im Oktober massakrierte ein Selbstmordattentäter auf einem Fahrrad in Bakuba, in der Provinz Diyala im Osten des Landes, wo seit Beginn der neuen Strategie die Gewalt massiv angestiegen war, 30 Polizeirekruten. (Am gleichen Tag entdeckte man in der Nähe dieser Stadt 20 Leichen ohne Kopf, die man nicht identifizieren konnte.) Im Dezember verübten zwei Selbstmordattentäter Anschläge auf Patrouillen der „Söhne des Irak“ in Diyala und Salahuddin; es gab 33 Tote und 77 Verletzte. Es gab überhaupt zunehmend Selbstmordanschläge auf die Warteschlangen junger Männer im ganzen Land, die endlich Arbeit und Frieden haben wollten und sich um einen Arbeitsplatz bei den Sicherheitskräften bewarben.

Wer gedacht hatte, dass der Mensch unmöglich noch tiefer sinken konnte als auf die Ebene des Selbstmordattentäters, wurde im neuen Jahr eines anderen belehrt: Am 2. Februar 2008 wurden auf zwei Märkten in Bagdad zwei Bomben, die man Frauen mit Downsyndrom umgeschnallt hatte, per Fernzündung zur Explosion gebracht. Es waren mit ihren 99 Todesopfern die schlimmsten Anschläge seit einem halben Jahr. Drei Wochen danach tötete in der alten Stadt Iskandariya ein Selbstmordattentäter 63 Pilger, die auf dem Weg zu einem der heiligsten schiitischen Feste waren.

Im Februar 2008 hielten wir in Kopenhagen eine weitere wichtige Konferenz ab, auf Einladung des lutherischen Bischofs der Stadt. Sie wurde von der dänischen Regierung finanziert. Es gibt mehrere Gründe, warum unsere Arbeit die Unterstützung Dänemarks gefunden hat: Erstens wohne ich in Bagdad gleich neben der dänischen Botschaft; Bo Eric Weber, der bis vor Kurzem der Botschafter war, ist ein sehr guter Freund von mir, und sein Stellvertreter, Torquild Byg, ist das langjährigste Mitglied meiner Gemeinde in der US-Kapelle im ehemaligen

Präsidentenpalast. Und zweitens kontaktierte mich eine Frau aus Wales, die in Dänemark wohnt, wegen der Situation der irakischen Asylsuchenden in Dänemark, worauf ihre Kirchengemeinde anfing, meine Stiftung zu unterstützen, und schließlich die dänische Regierung ihrem Pastor, Niels Eriksen, erlaubte, mich in Bagdad zu besuchen. Heute gibt es im Garten unserer St. George-Gemeinde einen Gedächtnisbrunnen mit den Namen aller dänischen Soldaten, die im Irak gefallen sind.

Die „Irakische Versöhnungskonferenz" („Iraqi Reconciliation Conference") führte ein breiteres Spektrum von Delegierten zusammen als je zuvor: Sunniten, Schiiten, Christen, Jesiden, Mandäer, Armenier, Assyrer, Araber und Kurden. Es waren auch Politiker aus dem Ministerrat und dem Abgeordnetenrat vertreten, unter anderem Dr. Mowaffak und Frau Wijdan. Die Konferenz behandelte Menschenrechtsfragen (besonders für Frauen und Kinder) und diskutierte sehr offen über die Rolle der Religion in der Regierung. Mehrere bislang verfeindete Personen – Regierungsmitglieder und religiöse Führer –, die eine Versöhnung immer abgelehnt hatten, begruben das Kriegsbeil.

Die Konferenz fand wenige Tage nach dem Abdruck der berüchtigten Mohammed-Karikaturen in mehreren dänischen Zeitungen statt, die den Propheten mit einer Bombe im Turban zeigte, nachdem die Polizei angeblich ein Mordkomplott gegen den Karikaturisten verhindert hatte. Viele der muslimischen Delegierten hatten darauf mit dem Boykott der Konferenz gedroht, aber schließlich konnten wir bis auf drei alle dazu überreden, zu kommen. Es spricht für die dänische Regierung, dass sie sich jetzt erst recht hinter die Konferenz stellte. Die Frucht der drei Tage war eine von allen Teilnehmern unterzeichnete Erklärung, die ihre detaillierte Vision für die Zukunft des Irak und mögliche Wege zu ihrer Verwirklichung in deutliche Worte fasste.

Im folgenden Monat, am 13. bis 16. März 2008, fand die

dritte der vom Pentagon gesponserten Versammlungen des Irakischen Religionskongresses (II-RC) statt, wieder in Kairo. Diesmal waren 18 Personen zugegen, darunter Scheich al-Zuhairi, Muqtada al-Sadrs Sprecher Scheich al-Ubaidi, mehrere Vertreter des öffentlichkeitsscheuen Großayatollahs al-Sistani sowie einige sehr hochrangige sunnitische Kleriker. Die von ihnen herausgegebene Erklärung war eine deutliche Verurteilung jeder Gewalt. Es war ein großer Durchbruch.

Aber nicht weniger wichtig als die „offiziellen" Ergebnisse solcher Konferenzen ist das, was zwischen den Sitzungen passiert. Am letzten Abend saßen wir alle in dem kleinen Bus, der uns zu unserem Abschiedsdinner brachte, als einer der sunnitischen Scheichs anfing, ein sunnitisches Lied zu singen und die anderen einer nach dem anderen einfielen. Als darauf Ayatollah Abu Ragif vorschlug, gemeinsam ein schiitisches Lied zu singen, machten nach einer kurzen Schrecksekunde alle mit, und Sunniten und Schiiten lachten und sangen einträchtig. Es war unglaublich, wie stark die Atmosphäre sich seit dem von gegenseitigem Misstrauen geprägten ersten Tag der Konferenz verändert hatte. Als der gleiche Scheich anfing, ein Lied über Fatima, die Frau des von den Schiiten ganz besonders verehrten Imams Ali, zu singen, fing Ayatollah Abu Ragif an zu weinen. Später verriet er uns, dass er Fatima sehr liebt und dass es ihn tief bewegte, wie Sunniten und Schiiten zu ihrer Ehre sangen.

Etwas später an diesem Abend unterhielt Peter Maki sich mit einem Delegierten, der die al-Fadhila vertrat, die von Ayatollah Muhammad Yaaqubi geführte schiitische Partei, deren Miliz sich wiederholt Scharmützel mit der Mahdi-Armee geliefert hatte. Dieser Mann sagte Peter, dass er viel über Scheich Dr. Abdel Latif und seine Verbindungen zu Saddam Hussein gehört hatte und ihn eigentlich hasste, aber dass er ihn jetzt, nachdem er ihn gesprochen und mit ihm gegessen hatte, für einen guten Mann hielt, der wie er selber einen Weg aus dem

Elend des Landes suchte. Er sagte, dass er Ayatollah Yaaqubi raten werde, die Vergangenheit hinter sich zu lassen und gemeinsam an einem freien Irak zu bauen. Er erwähnte auch, dass ein enger Verwandter von ihm von den Amerikanern über einen Monat inhaftiert worden war; sie hatten ihm nicht erklärt, warum, außer dass sie ihn verhören müssten. Es tat ihm im Herzen weh, erklärte er Peter, solche Dinge zu sehen, die all das Gute, das die Demokratie dem Irak gebracht hatte, zunichtezumachen drohten – aber er war nach wie vor bereit, mit der Koalition zu reden.

Doch – es war wie verhext – nur Tage später tobten schwere Kämpfe in den Straßen von Basra, als die irakische Armee daranging, der Mahdi-Armee die Kontrolle über den einzigen Hafen des Landes zu entreißen und Recht und Ordnung wiederherzustellen. Auch dies hatte es noch nicht gegeben – eine massive Offensive gegen eine schiitische Miliz, die von einer mehrheitlich schiitischen Regierung befohlen worden war. Nach sechs Tagen ersuchte die Mahdi-Armee um einen Waffenstillstand und zog ihre Kämpfer aus den Straßen ab, worauf die Lage sich beruhigte.

Seitdem tut sich etwas. Fast jeden Tag bin ich mit den wichtigsten Köpfen der Sunniten und Schiiten in Kontakt, und alle zwei Monate treffen wir uns mit ihnen persönlich, aber der größte Fortschritt ist, dass sie sich alle zwei Monate alleine treffen, ohne uns.

Auch an der Basis geht das gute Werk weiter, wo unsere Mitstreiter vom US-Friedensinstitut andere bemerkenswerte Erfolge verzeichnen konnten. Von den auf der Konferenz in Bagdad im Juni 2007 eingerichteten Arbeitsgruppen tagen bis auf eine alle weiter regelmäßig. Die Arbeitsgruppe für Wiederaufbau mussten wir leider nach intensiven Vorbereitungsarbeiten einstellen, da alle (vergeblich) erwarteten, dass die Koalition die ganze Arbeit finanzieren würde. Die aktivste der Arbeitsgruppen ist eine, die den religiösen Verantwortlichen des Irak besonders am Herzen lag; es geht in ihr um das Wohl der Frauen und Kinder.

Schließlich, im August 2008, traf ich mich in Beirut mit den wichtigsten Delegierten des Irakischen Religionskongresses. Von den fünf Delegierten, die wir erwartet hatten, glänzte lediglich der Vertreter von Muqtada al-Sadr durch Abwesenheit. Obwohl die Geistlichen frustriert feststellten, dass „2006 und 2007 rein nichts geschehen war", hatten alle den Eindruck, dass jetzt die Zeit gekommen war, mit Ernst und Entschlossenheit für den Frieden zu wirken. Die große Frucht dieser fünf Tage war die erste je gemeinsam von Sunniten und Schiiten herausgegebene *Fatwa* gegen die Gewalt:

„Der Islam weiß darum, dass unser Gott der Gnade die Söhne Adams erwählt und mehr gesegnet hat als alle anderen Geschöpfe (Heiliger Koran, al-Isra 70).

Er weiß auch, dass es allen Muslimen gänzlich untersagt ist, einem anderen Menschen Schaden zu tun, wie im Heiligen Koran, al-Ma'ida 32, gesagt wird.

Der Prophet Mohammed hat das Vergießen von Blut von Muslimen durch Muslime verboten. Daher sind alle Selbstmordattentate gänzlich verboten.

Daher erklären wir hiermit als sunnitische und schiitische geistliche Führer, dass alles Töten sofort aufhören muss. Wir erklären ferner, dass auch das Töten von Nichtmuslimen total inakzeptabel ist. Der Prozess der Versöhnung und Toleranz ist der einzige Weg nach vorne und die einzige Lösung für den Konflikt im Irak. Dies erhellt sich auch aus dem Heiligen Koran, in al-Hujurat 9. Wir betrachten es als unsere religiöse wie moralische Pflicht, die Menschen dazu aufzurufen, das Gesetz der Scharia *zu halten und dieses Gesetz als Zuflucht und einzige Lösung für den Konflikt zu betrachten. Wir sind uns darüber im Klaren, dass dies schwierige Zeiten sind, aber wir fordern, dass alle Gewalt, alles Töten und alle Provokation aufzuhören hat. Wir fordern alle, die an der Gewalt beteiligt sind, auf, zusammen mit uns Versöhnung und Toleranz zu suchen, in Übereinstimmung mit al-Nisa 65 im Heiligen Koran.*

Es ist die moralische und religiöse Pflicht aller Iraker, von aller Gewalt Abstand zu nehmen und unter der Herrschaft des Gesetzes zu leben.

Dies ist unsere Fatwa *an alle Iraker und alle Muslime. Von unserem Gott haben wir diese Botschaft empfangen und weitergegeben, möge unser Gott unser Zeuge sein!*“

Nach dem Krieg habe ich versucht, zu so vielen hohen irakischen Geistlichen wie möglich Beziehungen zu bauen. Aber obwohl es in der arabischen Kultur äußerst wichtig ist, einmal eingegangene gute Beziehungen zu pflegen, damit aus Freunden nicht eines Tages Feinde werden, versuchen wir heute, die Zahl unserer Gesprächspartner zu *reduzieren*, damit wir uns auf die wirklich wichtigen Leute konzentrieren können. Anders als die Sunniten haben die Schiiten eine religiöse Hierarchie, die der der römisch-katholischen Kirche nicht unähnlich ist. Heute leben im Irak fünf *Maradsche* (das sind die obersten Rechtsgelehrten im schiitischen Islam). An ihrer Spitze steht Großayatollah Ali al-Sistani, der diese Position seit 1999 innehat, als sein Vorgänger, der Vater von Muqtada al-Sadr, von Saddams Agenten ermordet wurde. Er wohnt zusammen mit seinen engsten Ayatollahs in der heiligen Stadt Nadschaf und weigert sich, Besucher zu empfangen, die keine Iraker sind. Dr. Mowaffak und Ayatollah Hussein al-Sadr haben mir jedoch versichert, dass er unsere Arbeit sehr gut findet – und seit 2007 kommt einer seiner Topleute, Ayatollah Abu Ragif, zu unseren Konferenzen.

Großayatollah Muhammad Taqi al-Modarresi ist die führende Autorität in Kerbela, der zweiten irakischen Stadt, die den Schiiten heilig ist. Ich habe mich mit ihm getroffen, wie auch mit Großayatollah Muhammad Sayed al-Hakim, dem

Führer der mächtigen Miliz des „Obersten Islamischen Rates“ im Irak. Den beiden anderen irakischen Großayatollahs, Bashir Hussein al-Nadschafi und Muhammad Ishaq al-Fayyad, bin ich nie begegnet, aber Ayatollah Abu Ragif steht ihnen nahe.

In Bagdad ist der mit Abstand wichtigste Schiit Ayatollah Hussein al-Sadr, der das drittwichtigste schiitische Heiligtum im Irak, die al-Khadamiya-Moschee, unter sich hat und über einen eigenen Fernsehkanal verfügt. Er ist seit jeher ein Freund des Friedens gewesen und ist im Irak mein wichtigster religiöser Verbündeter. Sein Neffe Muqtada al-Sadr ist kein hoher Geistlicher, aber ein wichtiger Mann, da er die Mahdi-Armee, die größte Miliz im Irak, kontrolliert. Er kommt nicht selbst zu unseren Besprechungen (hat mich jedoch mehr als einmal angerufen), schickt aber seinen obersten Sprecher.

Bei den Sunniten sind vor allem drei Scheichs wichtig: Dr. Ahmed al-Kubaisi, Dr. Abdel Latif Humayem und Dr. Harith al-Dari. Nur der Letztere, der der Vereinigung muslimischer Gelehrter vorsteht, hat sein Versprechen nicht gehalten, mit uns für den Frieden zu arbeiten. Er lebt heute in Syrien und Jordanien, und wir haben nichts mehr mit ihm zu tun.

Scheich Dr. al-Kubaisi ist seit dem Krieg nur einmal im Irak gewesen. Er wohnt in großem Luxus in mehreren Häusern in Dubai, wohin er vor vielen Jahren, nachdem es zum Bruch zwischen ihm und Saddam gekommen war, floh. Der über 70-Jährige ist vor Kurzem Vater von Zwillingen geworden! Durch seine fast täglichen Fernsehsendungen übt er im Irak einen enormen Einfluss aus. Ich habe eine herzliche Beziehung zu ihm und glaube, dass er hinter unseren Bemühungen steht. Sein Hauptsprecher im Irak war Scheich Dr. Abdel Qadir al-Ani, der in der ersten Zeit nach dem Krieg mit uns zusammenarbeitete, aber 2004 nach einem Bombenanschlag auf sein Haus und nachdem man ihn als Verräter und Kollaborateur bezeichnet hatte, nach Jordanien floh. Er kommt zu unseren meisten Treffen in Amman.

Im November 2007 genoss ich die Gastfreundschaft meines Freundes Ayatollah al-Sadr. Links von ihm steht in der Bildmitte Samir, daneben der dänische Pastor Niels Eriksen.

Scheich Dr. Abdel Latif macht es sich im Marriott-Hotel in Kairo bequem. Die Perlen des muslimischen „Rosenkranzes“ in seiner Hand stehen für die 99 Namen Allahs.

Auch Scheich Dr. Abdel Latif ist seit dem Sturz Saddams erst einmal wieder im Irak gewesen, im Jahr 2004 (als er von Ayatollah al-Sadr bemerkenswert herzlich begrüßt wurde). Als Grund dafür nennt er, dass die Nationale Entbaathifizierungskommission, die das Land vom Einfluss der Baath-Partei reinigen soll, sein gesamtes Vermögen (über 70 Millionen Dollar) konfisziert hat, sodass er sich keine Leibwächter mehr leisten kann. (Der Vorsitzende dieser Kommission ist Ahmad Tschalabi, der selbst Dreck am Stecken hat.) Dr. Abdel Latif wohnt heute in einer relativ bescheidenen Wohnung in Amman, während ich zusammen mit den Amerikanern mein Bestes versuche, dass er sein Vermögen zurückerhält.

Er hat eine entscheidende Rolle bei der Reduzierung der sunnitischen Gewalt gespielt. Sein echtes Engagement für die Sache des Friedens und der Versöhnung, das in seiner zehnjährigen Beziehung zu mir wurzelt, ist noch größer geworden, seit wir ihn in Kairo mit Ayatollah Abu Ragif bekannt gemacht haben. Die beiden sind nicht nur Verbündete, sondern Freunde geworden – ein gutes Beispiel für das, was die FRRME zu erreichen sucht. Dr. Abdel Latif wird nie mehr den Einfluss und das Ansehen haben, das er als Saddams „Hofprediger" hatte, da der Irak jetzt eine Demokratie ist, in der die Sunniten in der Minderheit sind, aber es ist uns gelungen, ihm einen Teil von dem, was er 2003 verloren hat, zurückzugeben.

Die „Stiftung für Hilfs- und Versöhnungsarbeit im Nahen und Mittleren Osten" (FRRME), die ich zusammen mit dem früheren Erzbischof von Canterbury, George Carey, im Juni 2005 (kurz vor Ende meiner Tätigkeit an der Kathedrale von Coventry) gegründet hatte, ist heute der Kanal für meine ganze Arbeit. Lord Carey, ihr ursprünglicher Vorsitzender, arbeitet heute als Schirmherr der Stiftung weiter sehr eng mit uns zusammen. Der neue Vorsitzende des Kuratoriums ist David Harland, der Pastor einer Gemeinde in Brighton in Südengland, die uns sehr unterstützt; wir haben auch einen exzellenten Beraterkreis, der sich regelmäßig in London mit mir trifft. Dieser Kreis besteht aus Christen, Juden und Muslimen und ist eine Mischung aus Geschäftsleuten, hohen Geistlichen, Friedensarbeitern und Diplomaten (darunter mehrere ehemalige britische Botschafter im Nahen Osten). Der Vorsitzende des Beraterkreises ist Lord Hylton, ein Katholik und Mitglied des Oberhauses, der einen Kammer des britischen Parlaments, dem dieser Teil der Welt ein großes Anliegen ist. Mit dieser Gruppe bespreche ich mich über die praktischen Probleme unserer Arbeit, und ihr Rat ist für mich unschätzbar wertvoll.

Mit dem damaligen britischen Premierminister Tony Blair und meinem großen Freund und Mitstreiter für den Frieden, Lord Carey, dem ehemaligen Erzbischof von Canterbury (Anfang 2007).

In Amerika haben wir einen ähnlichen Beraterkreis, der ebenfalls regelmäßig zusammenkommt und von Robert „Bud" McFarlane geleitet wird, der 1983 bis 1985 der nationale Sicherheitsberater von Ronald Reagan war. Viele der Mitglieder sind Leute, mit denen wir im Irak bereits gearbeitet haben, und Bud selbst ist bei vielen unserer Treffen irakischer Geistlicher dabei gewesen, unter anderem auch in Kairo und Beirut. Ob wir im Irak selber zusammenkamen oder im Libanon, in Ägypten oder Jordanien – Bud stand uns mit Rat und Tat zur Seite. Er ist ein weiser Mann, der nach dem Iran-Contra-Skandal ein sehr engagierter Christ wurde.

Er ist auch ein Freund von Senator John McCain, mit dem er in Vietnam kämpfte, und so bekomme ich öfters Solidaritätsbotschaften von McCain; er versprach mir sogar: Wenn er der neue US-Präsident werden sollte, würde er sich mit allen irakischen Führern, mit denen ich arbeite, treffen. (Als ich dies gegenüber diesen Männern erwähnte, fingen sie jeder an, mich beiseitezunehmen; jeder sagte mir, dass *er* der wichtigste Mann war und eine Privataudienz mit dem neuen Präsidenten verdient hatte!)

Für mich steht es außer Frage, dass der Ausgang der Präsidentschaftswahlen in den USA für die Straßen in Bagdad wichtiger ist als für die in Washington oder New York. Barack Obama hat mich als Person tief beeindruckt, aber am meisten packten mich die Worte McCains: „Ich habe einen großen Glauben an Versöhnung und Erlösung." Ich gebe gerne zu: Ich habe gehofft und gebetet, dass McCain der nächste US-Präsident würde – um des Irak willen.

2008 verlieh die FRRME ihren „Preis für Frieden im Nahen Osten" an Dr. Mowaffak, in Anerkennung der wichtigen Rolle, die er seit fünf Jahren in unserer Arbeit gespielt hatte, nicht nur als Vorsitzender des Irakischen Friedensinstituts (IIP), sondern auch als mein Hauptberater und einer meiner engsten Freunde. Die Verleihung erfolgte gleich zweimal: in Bagdad durch Lord Hylton und im britischen Oberhaus in London durch Lord Carey.

So viel Zeit und Kraft wir auch einsetzen, um eine ganze

Nation zu heilen – im Geschäft des Alltags geht es immer wieder darum, hier und jetzt ein einzelnes Menschenleben zu retten. Bis heute (Ende 2008) waren wir, mein Team und ich, an Verhandlungen zur Freilassung von insgesamt 142 Entführungsopfern beteiligt. Von diesen wurden 98 entführt, um ein Lösegeld zu bekommen; bei 30 konnten wir die Freilassung erwirken. Die übrigen 44 waren politische Entführungen, und nur neun von ihnen konnten wir bisher zur Freiheit verhelfen.

Zu dieser zweiten Kategorie gehören fünf Männer (alle Briten), die mich seit dem 29. Mai 2007 beschäftigt halten. Vier meiner Leibwächter von GardaWorld begleiteten einen IT-Berater im Finanzministerium in Bagdad, als sie alle fünf von mehreren Dutzend zum Teil uniformierter Männer, die in Polizeifahrzeugen ankamen, entführt wurden. Seit diesem Tag ist es für mich die Aufgabe Nr. 1, sie ausfindig zu machen und ihre Freilassung zu erwirken.

In Bagdad mit Lord Hylton (links), als dieser Dr. Mowaffak (rechts) den Preis der FRRME für Frieden im Mittleren Osten für das Jahr 2008 verlieh.

Mein Wohnwagen steht auf dem Gelände von GardaWorld, und die Männer waren meine Nachbarn. Sie waren nicht nur meine Beschützer, sondern meine Freunde. Einer von ihnen, ein ehemaliger Sanitäter in der Armee, wollte eigentlich im September 2007 in London sein Medizinstudium beginnen. Jetzt, wenn dieses Buch in Druck geht (Februar 2009), wissen wir immer noch nicht, wo sie festgehalten werden. Ich habe ein Gespräch nach dem anderen mit x Leuten gehabt. Buchstäblich täglich arbeite ich an diesem Fall, was unsere übrige Arbeit (nicht zuletzt auch die in Israel/Palästina) sehr beeinträchtigt hat. Ich kann nie definitiv einen Termin oder eine Aktion zusagen, denn wenn es bei diesen Geiseln zu neuen Entwicklungen kommt, muss ich bereit sein, alles stehen und liegen zu lassen.

In einem Freundesbrief im Mai 2008 schrieb ich:

„Das vergangene Jahr ist sehr schwierig gewesen, und bis jetzt konnte ich nicht darüber reden. Zeitweise konnte ich mich noch nicht einmal melden. Der Grund dafür war die Suche nach den fünf britischen Geiseln. Am 29. Mai jährt sich der Tag [ihrer Entführung] zum ersten Mal. Das ganze Jahr haben wir nonstop an diesem Fall gearbeitet. Es war extrem schwierig; wir brauchten sechs Monate, um überhaupt auf die richtige Spur zu kommen. Man kann nie ganz sicher sein, dass man mit den richtigen Leuten zu tun hat, aber jetzt sieht es so aus, als ob es die richtigen sind.

Im vergangenen Jahr habe ich [für diese Sache] sehr viel von meinem eigenen Geld und dem der Stiftung ausgegeben. Bis heute haben wir fast 700.000 Dollar ausgegeben …, um uns mit den richtigen Leuten zu treffen, ja sogar um Leute aus dem Iran anreisen zu lassen. Die Sicherheitsausgaben [für sie] sind immens gewesen. Wir haben niemanden bitten können, diese Initiativen zu unterstützen; es ist alles unter großer Geheimhaltung geschehen, außer dass ein paar Leute für uns beteten. Am letzten Sonntag hatte ich in unserer Kirche ein Geheimtref-

fen mit Personen aus dem Iran. Allein dieses Treffen hat uns 50.000 Dollar gekostet. Es war schwierig, aber jetzt hatten wir [wenigstens] Forderungen auf dem Tisch. Eine von ihnen war, an die Öffentlichkeit zu gehen [und mit den Medien zu reden]. Obwohl es keine Lösegeldforderungen gegeben hatte, wollten [das britische Außenministerium und GardaWorld] beide, dass kein Wirbel um die Sache gemacht wurde …

Gestern war einer der schwierigsten Tage meines Lebens. Es sah so aus, als ob alles verloren wäre. Ich war sehr wütend und wollte [GardaWorld] sagen, dass ich es aufgab und dass ihre Linie völlig falsch war. Ich setzte mich hin, um die E-Mail abzuschicken, aber Gott sagte mir, ich sollte sie nicht schicken. Dann kam eine Mail von einem Freund in den USA, der mir riet, zu lieben, zu lieben und zu lieben. Ich stimmte ihm zu, was die echt bösen Menschen betraf, aber traf es auch auf Regierungen und Firmen zu? Gott sagte: Jawohl, auch auf sie. Ich schickte meine Mail nicht ab. Ich wusste, dass es jetzt alles in Gottes Hand lag.

Ein knochenharter Tag folgte. Ich kämpfte und betete. Ich konnte mich nicht konzentrieren. Am Nachmittag traf ich mich mit Leuten aus der Gemeinde der US-Kapelle im Präsidentenpalast (der Gemeinde der westlichen Militärs) und St. George, darunter viele Kinder. Das half mir. Samir sagte mir, dass wir nicht aufgeben konnten. Ich pflichtete ihm bei – nicht, weil ich Lust gehabt hätte weiterzumachen, sondern weil ich wusste, dass das Gottes Stimme war.

Als ich gestern Abend nach Hause zurückkam, hörte ich, dass es neue Entwicklungen gegeben hatte. Sowohl die britische Regierung als auch GardaWorld hatten unserem Plan ihre Zustimmung gegeben. Und so werde ich zwar noch nicht jetzt, aber bald zum ersten Mal offen etwas über diesen Fall sagen können. Zum ersten Mal seit der Entführung werde ich mit den Medien sprechen können.

Es heißt, dass es nach einer aktiven [Medien-]Kampagne zur

Freilassung kommen wird. Die Entführer haben gesagt, dass die irakische Regierung elfmal an sie herangetreten ist, aber dass sie sich geweigert haben, mit ihr zu reden. Sie sagten, sie wollten mit mir verhandeln, weil sie von meiner Beteiligung an der Beendigung der Belagerung [der Geburtskirche] in Bethlehem gehört hatten und weil ich ein religiöser Führer war. Seitdem haben die meisten unserer Treffen heimlich in der Kirche stattgefunden. Die Sicherheitsvorkehrungen waren gewaltig, aber sehr diskret; auf Dächern und innerhalb der Kirche waren Soldaten versteckt, bereit, jederzeit einzugreifen. Die Leute unserer Gemeinde haben für jedes dieser Treffen inständig gebetet. Unsere Mitarbeiter haben sich um die Besucher gekümmert und sie gut verköstigt.

Jetzt brauchen wir für den nächsten Monat dringend Eure Gebete. Ich werde nächste Woche nach Großbritannien zurückkehren, um die Kampagne anlaufen zu lassen. Bald werde ich mit den Medien über die Sache reden können. Doch zuerst müssen wir ein Video anfertigen, das überall verbreitet werden soll. Wir stehen also am Beginn einer weiteren echt wichtigen Phase. Bitte betet für Al, Alan, Jason, Jason und Peter (die fünf [Geiseln]). Bitte betet, dass sie bald freikommen. Man hat uns gesagt, wenn die Entführer mit dem, was wir tun, zufrieden sind, werden sie bald freigelassen.“

Dieser Fall ist in vieler Hinsicht typisch für unsere Arbeit. Nichts geht schnell, und nichts ist sicher. Solange diese Geiseln nicht freigelassen sind, wissen wir noch nicht einmal genau, ob wir wirklich mit den richtigen Personen verhandeln. Die Suche nach den Geiseln hat uns ungeheuer viel an Zeit und Geld gekostet, aber ich gebe nicht auf. Jeden Donnerstag versammeln sich die Glieder der St. George-Gemeinde, um für ihre Freilassung zu beten, und ich weiß: Sie wird kommen. Ich kann hier nicht im Einzelnen sagen, was wir alles unternehmen, aber eines Tages werde ich die ganze Geschichte erzählen können.

Der Fall der fünf Briten ist nur ein winziges Mosaiksteinchen des Leidens, das der Irak seit 2003 durchgemacht hat. Heute wird die Invasion durch die Koalitionstruppen von immer mehr Menschen im Westen verurteilt. Was dieses Unternehmen schon an Menschenleben und Milliarden Dollar gekostet hat, ist mehr, viel mehr, als fast alle erwartet hatten. Viele, viele Menschen sagen mir: „Schauen Sie sich doch die Lage im Irak an! Wie können Sie behaupten, dass dieser Krieg nicht ein furchtbarer Fehler war?"

Nun, ich behaupte es nach wie vor, denn ich habe dieses Land vor dem Krieg erlebt. Ich habe das ganze Maß der Unterdrückung mitbekommen, die ständige, allgegenwärtige Angst. Hinter vorgehaltener Hand haben mir die Menschen gesagt, dass sie sich nach Erlösung aus dieser Tyrannei sehnten. Ich werde nie das blanke Entsetzen auf dem Gesicht meines Begleiters von der Mukhabarat vergessen, als ich ihm sagte, dass ich kein Dinner mit den Söhnen Saddams wünschte. Wenn ich nicht hinging, verriet er mir, würden er und seine ganze Familie getötet werden. Damals begriff ich endgültig, wie böse das Saddam-Regime war.

Ich behaupte nicht, dass im Irak alles rosig ist, denn das ist es nicht. Ich weiß nicht mehr, wie oft ich abends auf meinem Bett gesessen und über den Tod eines amerikanischen oder irakischen Freundes geweint habe. Manchmal kann ich all das Leiden schier nicht mehr aushalten. Aber dann erinnere ich mich daran, dass wir ja dabei sind, eine ganze Nation wiederaufzubauen.

Doch, es gibt nach wie vor Angst, aber es gibt auch Hoffnung. Wir wissen: Der Tag wird kommen, wo dieses Land wieder zu seiner alten Größe zurückfindet. Wer noch nie hier gewesen ist, kann sich nicht vorstellen, was der Irak alles durchgemacht hat – aber auch nicht, wie viel Gutes schon erreicht worden ist. Trotz all der Gewalt ist der Bau und Wiederaufbau von Krankenhäusern, Kraftwerken, Schulen und

Straßen weitergegangen. Die meisten zivilen Baufirmen haben, trotz der riesigen Summen, die sie bekamen, den Irak längst fluchtartig verlassen. Heute ist das Bauunternehmen des Landes die US-Armee, und viele der Bauarbeiter sind Reservisten – Männer und Frauen mit anderen Berufen und einem anderen Leben –, die große Opfer bringen, um ihrem Land und den Menschen im Irak zu helfen.

Heute, wo ich diese Zeilen schreibe (im Oktober 2008), ist gerade in den Nachrichten gekommen, dass im letzten Monat im Irak 359 Zivilisten ums Leben gekommen sind, gegenüber 884 ein Jahr zuvor, im September 2007. Zahlen, an denen Sie ersehen können, wie viel besser die Lage geworden ist – und wie schlimm sie noch ist.

Nach wie vor ist der Irak das gefährlichste Land der Welt und Bagdad die gefährlichste Stadt. Vorhin haben mich einige der Kinder unserer St. George Gemeinde angerufen, um mir zu erzählen, dass am Vormittag ganz in der Nähe ihrer Schule zwei große Autobomben hochgegangen sind. Sämtliche Fenster in der Schule zersplitterten, in den Klassenzimmern regnete es Glas. Es gab mehrere Tote. Mit anderen Worten: ein ganz normaler Tag.

Und doch: Die Gewalt wird weniger! Das sagt mir nicht nur die Statistik, das sagen mir meine Gemeindeglieder. In der Grünen Zone, in der ich wohne, wurden wir früher jeden Tag mit Raketen beschossen; heute sind diese Angriffe selten geworden. Die Lage im Land hat sich enorm verbessert, auch wenn dies noch nicht bis zu den internationalen Medien durchgedrungen ist. Der normale Bürger kann immer noch nicht durch die Straßen von Bagdad oder Mosul gehen, ohne Angst um sein Leben haben zu müssen. Es gibt weiter jeden Tag Morde und Entführungen, aber Tatsache ist, dass die Ordnung langsam, aber sicher wiederhergestellt wird – und wir hoffen und beten, dass Frieden und Versöhnung folgen werden.

6
Dem Frieden eine Chance geben

Fast jeden Tag werde ich von Menschen kontaktiert, die sich mit mir über das Thema „Frieden schaffen“ unterhalten wollen. Oft haben sie gute Ideen; sie wollen das Klima in ihrem Stadtviertel verbessern, vielleicht Sportveranstaltungen durchführen, die junge Menschen aus verschiedenen Religionen, Rassen oder Ethnien zusammenbringen.

Dergleichen Initiativen sind wichtig, aber ich muss gestehen, dass ich auf diesem Gebiet sehr wenig Erfahrung habe. Um ganz ehrlich zu sein: Im Irak habe ich gelernt, dass die Standardstrategien zur Konfliktlösung – politische Probleme durcharbeiten, das gesellschaftliche Gefüge wiederherstellen, die Gemäßigten unterstützen oder mehr Frauen an der Macht beteiligen – meistens nichts bringen. Nach meinen Erfahrungen bewirkt es deutlich mehr, wenn man sich mit den Menschen beschäftigt, die für die Gewalt verantwortlich sind, und ihre Kultur, Religion, Traditionen und alles, was ihre Erwartungen prägt, zu verstehen versucht. Dies sind schließlich die Faktoren, die zu den Konflikten geführt haben – und die ihre Lösung erschweren.

In der ersten Zeit nach der Befreiung des Irak war ein Großteil unserer Tätigkeit darauf gerichtet, politische Lösungen zu finden, die (wie wir dachten) zu Veränderungen führen und den Menschen Hoffnung geben würden. Es wäre wunderbar gewesen, wenn diese Initiativen funktioniert hätten, aber die meisten funktionierten nicht. Von den Anfang 2004 durch das in Kapitel 3 erwähnte „Irakische Zentrum für Dialog, Versöhnung und Frieden“ (ICDRP) eingerichteten sechs Arbeitsgruppen zum Beispiel brachte nur die über Frauen, Religion und Demokratie greifbare Ergebnisse. Mehrere der Frauen, die wir als Hoffnungsträgerinnen ermittelten, wurden tatsächlich in das neue irakische Parlament gewählt, wo sie eine sehr wichtige Arbeit taten – obwohl sie uns heute berichten, dass ihre männlichen Kollegen sie nur auslachen. Samia Aziz Mohamed, die Faili-Kurdin, die an der Spitze dieser Initiative stand und selbst auch eine Parlamentarierin wurde, verlor 2006 bei einem Überfall durch bewaffnete schiitische Aktivisten drei ihrer Verwandten sowie ihr Haus.

Aufmerksame Zuhörer in Kopenhagen.
V.l.n.r.: ein kurdischer Scheich, Scheich Dr. Abdel Latif, Scheich Abdel Halimdschawad Kadhum al-Zuhairi, Frau Samia Aziz Mohamed und Jonadam Kana, der Führer der Assyrisch-christlichen Demokraten.

Heute dreht sich ein Großteil meiner Arbeit schlicht darum, Menschen zu helfen, inmitten all der Gewalt am Leben zu bleiben und ihre Lieben zu schützen. Keiner weiß, wie viele Menschen seit dem Fall Bagdads im Jahre 2003 getötet oder entführt worden sind. Nur wenige Entführungsopfer kehren je zurück. Auch die allgemeine humanitäre Situation ist bedrückend. Ich werde oft gefragt, warum meine Stiftung sich in Entwicklungs- und Katastrophenhilfe engagiert. Die Antwort ist einfach: Weil es niemand sonst tut. Die Entwicklungshelfer, die hier im Herzen des Irak waren, sind geflüchtet. Viele sind in den Norden des Landes gegangen, in die landschaftliche Schönheit und den relativen Frieden Kurdistans. Sie berichten ihrem Freundeskreis, dass sie im Irak arbeiten, und das ist ja nicht gelogen – aber sie leben in einer anderen Welt als der, in der wir arbeiten.

Viele dieser Helfer arbeiten für christliche Werke. Es war nicht falsch, dass sie den Zentralirak verlassen haben. Bleiben wäre viel zu gefährlich gewesen: Sie hätten wenig ausgerichtet, und die meisten hätten sie sehr wahrscheinlich für Missionare gehalten, die Muslime bekehren wollen, was sie dem Risiko ausgesetzt hätte, entführt oder ermordet zu werden, während die irakischen Christen aus ihrem Umfeld als Helfershelfer der „Kreuzzugsideologie“ des Westens dagestanden hätten. So ist jedenfalls die Perspektive der militanten Muslime, die nicht wissen, dass das Christentum schon lange vor dem Islam ins Land kam, ja lange bevor es im Abendland Fuß fasste.

Der Exodus der größeren Hilfsorganisationen aus dem Herzen des Landes hat die Arbeitslast der FRRME verdoppelt und verdreifacht. Der Kampf um den Frieden ist im Nahen Osten immer schwierig, aber im Irak kann er einem manchmal den letzten gesunden Nerv rauben.

Wie sieht sie aus, die Rolle des Friedensuchers in diesem Land, inmitten all der Katastrophen und des Chaos, die hier zur Normalität geworden sind? Man verabschiedet sich rasch von der Vorstellung, dass der Erfolg gleich um die Ecke liegt; welche Strategie man auch verfolgt, sie braucht einen langen Atem. Man wird auch bald von der Vorstellung kuriert, dass alles gut werden wird, wenn man erst einmal eine Demokratie westlichen Stils eingeführt hat. Wo im Nahen oder Mittleren

Mit dem ehemaligen britischen Premierminister Sir John Major und unseren Ehefrauen (ganz links Caroline) an dem Tag, als ich in London den „Pursuer of Peace Award" des Woolf Institute erhielt (2007).

Osten in der jüngeren Vergangenheit die Demokratie eingeführt wurde, war das Ergebnis meistens schlimm. Die Demokratie hat dem Iran einen bösartigen Präsidenten und dem Gazastreifen eine Regierung aus Terroristen beschert, und der Irak hat teuer dafür bezahlen müssen, dass es so lange dauerte, bis man sich geeinigt hatte, wer das Land regieren sollte. Die stabilsten Regierungen in der Region sind die von Marokko und Jordanien, und das sind im Wesentlichen bürgerfreundliche Erbdiktaturen.

Die verbissenen Versuche des Westens, im Nahen und Mittleren Osten durch das Einführen demokratischer Strukturen Frieden zu schaffen, zeigen, dass unsere Politiker die Kernwerte dieser Gesellschaften, vor allem ihre religiöse Identität, ihre Kultur der Ehre und Schande, den Einfluss der Familie und die alles durchdringende Rolle der Tradition nicht hinreichend bedacht haben. Viele unserer westlichen Ideale funktionieren in diesem Teil der Welt einfach nicht.

Es klingt zum Beispiel wunderbar, dass Veränderungen in einer Gesellschaft von unten nach oben zu erfolgen haben, und im Westen mag dies sogar funktionieren – aber nicht im Nahen oder Mittleren Osten. Wer dort wirklich etwas verändern will, der muss von oben nach unten arbeiten. Es sind vor allem die religiösen Führer, die bestimmen, in welche Richtung das Land marschiert – und wenn wir sie beeinflussen wollen, müssen wir sie uns zu Freunden machen. Ich glaube, dass hier der größte Fehler des Westens liegt: Wir haben nicht begriffen, dass im Zentrum der Gesellschaft im Nahen und Mittleren Osten die zwischenmenschlichen Beziehungen stehen und dass mithin das Bauen und Pflegen von Beziehungen die absolute Mitte unserer Arbeit zu sein hat.

Wichtig ist dabei nicht nur, *wie stark* unsere Beziehungen sind, sondern auch, zu *wem* wir sie haben. Fortschritt ist nur dann möglich, wenn wir das Gespräch mit den führenden Personen auf beiden bzw. auf allen Seiten des Konfliktes suchen. In Israel/Palästina ist das relativ einfach. Im Irak ist es sehr viel schwieriger; hier haben wir es mit einem komplizierten Mix aus Konfliktparteien zu tun: Sunniten, Schiiten, Kurden, die Amerikaner und ihre Partner in der Koalition und die irakische Regierung und ihre Sicherheitskräfte. Und die Kämpfe toben nicht nur zwischen den verschiedenen Konfliktparteien, sondern auch innerhalb von ihnen, wenn rivalisierende Gruppen um die Macht kämpfen.

Alle diese Gruppen und Parteien müssen bei der Suche nach Frieden einbezogen werden. Die alte, liberal-sentimentale Gutmenschen-Art des Friedensstiftens funktioniert hier nicht mehr, falls sie denn jemals funktioniert hat. Wir können es nicht schaffen, wenn wir nicht mit dem Militär reden – und mit den Menschen, die Frauen und Kinder entführen und voll besetzte Busse in die Luft jagen. Es reicht nicht, sich gemütlich hinzusetzen und mit den netten Leuten Tee zu trinken.

Wir können freilich nicht alle Konfliktparteien erreichen. Manche Gruppen, wie al-Qaida, verweigern sich jedem Dialog. Wie schön wäre es, sich mit den al-Qaida-Führern an einen Tisch zu setzen und vernünftig mit ihnen zu reden, ihnen das zurückzugeben, was sie verloren zu haben glauben, und Frieden und Versöhnung zu suchen! Aber dergleichen interessiert sie buchstäblich nicht; ihnen geht es nur darum, im Namen Gottes zu töten und zu zerstören.

Ich habe jedoch enge Kontakte zu den führenden Köpfen in der Madhi-Armee und anderer radikaler Gruppierungen bekommen – Kontakte, die ich weiter pflege. Das kann einen in peinliche Situationen bringen. Eines Tages saß ich zu Hause im grünen englischen Hampshire in meinem Arbeitszimmer, als das Telefon klingelte. Es war Muqtada al-Sadr. Er hatte gehört, dass der neue Erzbischof von Canterbury, Dr. Rowan Williams, sich dafür ausgesprochen habe, in England die *Scharia* einzuführen, und bat mich, ihm auszurichten, dass er das voll und ganz unterstütze.

Wenn der Frieden im Irak eine Chance haben soll, müssen wir mit jedem, der Gewalt ausübt, aber gesprächsbereit ist, reden. Es ist oft schwierig, Begegnungen zwischen diesen Leuten und Vertretern der Koalition zu arrangieren, weil die westlichen Regierungen nicht wollen, dass sie jemand mit den „Bösewichten“ an einem Tisch sitzen sieht – obwohl sie uns insgeheim dankbar sind; insbesondere das Pentagon gibt diesem Aspekt unserer Arbeit heute auch seinen finanziellen Segen.

Ich habe mit religiösen wie politischen Führern zu tun und mache die Erfahrung, dass die einen die anderen oft nicht verstehen. Die westlichen Politiker verstehen nicht, dass man mit religiösen Extremisten in der Sprache der Religion reden muss, und die meisten Geistlichen im Nahen und Mittleren Osten kennen sich wenig mit der Politikkultur des Westens aus und wissen nicht, dass die meisten unserer Politiker Gewalt im Namen Gottes nicht verstehen können. Dazu kommt oft noch, dass beide Seiten glauben, die einzige Sprache, die der andere verstehe, sei die der Gewalt, nach dem Motto: Wenn ich jemandem genügend wehtue, mache ich ihn mir gefügig – eine Linie, die meistens nur zu einer weiteren Eskalation der Gewalt führt.

Es gibt kein Patentrezept, wie man diese Leute dazu bringt, mit uns oder miteinander zu reden oder ihre Taktik zu ändern; oft wissen wir selber nicht, wie wir es geschafft haben. Es kann Monate dauern, überhaupt an gewisse Personen heranzukommen – aber wenn man sie dann kennt, ja Freundschaft mit ihnen schließt, öffnet sich oft die Tür zu einer Lösung. Zum Glück kommt uns hier die Bibel zu Hilfe, denn Jesus lehrt uns ja, unsere Feinde zu lieben und ihnen zu vergeben. Die meisten Menschen, mit denen ich im Mittleren Osten zu tun habe, sind indes Juden oder Muslime, deren Religionen den Begriff der Feindesliebe nicht kennen, und es ist oft nicht einfach, ihnen diese Vorstellung zu erklären.

Die Vermittlerfunktion von mir und meinen Kollegen besteht nicht nur darin, Verhandlungen zwischen verfeindeten Parteien in Gang zu bekommen, sondern auch Beziehungsbrücken zu bauen. Oft fangen wir damit an, dass wir zwei Seiten helfen, sich die Geschichte der jeweils anderen Seite anzuhören. Der amerikanische Dichter Longfellow schrieb einmal: „Wenn wir die geheime Geschichte unserer Feinde lesen könnten, würden wir im Leben eines jeden Menschen genügend Kummer und Leid finden, um jeder Feindschaft die Waffen aus der Hand zu schlagen." Oder, wie jemand anderes gesagt hat: „Wer ist mein Feind? Es ist der Mensch, dessen Geschichte ich nicht gehört habe." Es kann Monate oder sogar Jahre dauern, die Menschen dazu zu bringen, sich wechselseitig ihre Geschichten anzuhören, aber wenn es dann endlich so weit ist, sind sie oft erstaunt – dass der Gegner in diesem Konflikt so leidet, das hatten sie nicht gewusst.

Solche Begegnungen können der Anfang des Weges sein, der zur Versöhnung führt. Doch als Nächstes müssen wir dafür sorgen, dass die Menschen diesen Weg aber auch weitergehen. Dazu können regelmäßige Konferenzen gehören, Seminare oder private Treffen zwischen religiösen und politischen Führern. Es kann auch etwas Zwangloseres sein wie eine gemeinsame Mahlzeit. All das klingt einfacher, als es ist, und oft geht es unerträglich langsam voran.

Früher dachte ich, dass es doch möglich sein musste, schnell zu Ergebnissen zu kommen, aber es dauerte nicht lange, und ich entdeckte, dass im Irak die Uhren anders laufen als im Westen; was man in Großbritannien oder Amerika in einem Tag erreicht, kann hier über ein Jahr dauern.

Und so müssen wir Geduld haben und uns oft erst einmal damit begnügen, die Anliegen der verschiedenen Menschen kennenzulernen und uns ihre Geschichten und ihre Version der Probleme anzuhören. Schon das kann Schwerarbeit sein: Wieder und wieder werde ich mit Ansichten und Behauptungen konfrontiert, die nachweislich falsch oder grob verzerrt sind. Immer wieder sind Takt und Geduld gefragt. Tatsache ist auch, dass Gipfeltreffen (und ich war an vielen beteiligt) mitreißende Proklamationen hervorbringen können, aber dass sie für sich alleine wenig ausrichten. Es sind die Menschen, die zu solchen Gipfeln kommen, die wirklich etwas bewegen können – so wir denn genügend Zeit und Geld in die Arbeit mit ihnen investieren. Und sie müssen ebenfalls Zeit in Begegnungen mit anderen (aus ihrem eigenen Lager und dem gegnerischen) investieren, die ebenfalls genügend Einfluss haben, um etwas zu bewegen.

Im August 2007 traf ich mich in Kairo mit etlichen der höchsten Geistlichen des Irak. Als Abu Ragif (ein schiitischer Ayatollah) und Dr. Abdel Latif (ein sunnitischer Scheich) sagten, dass sie sich mindestens einmal im Monat zu Gesprächen treffen wollten, hielt ich das für unrealistisch (sie wohnten ja noch nicht einmal im selben Land) – aber sie hielten Wort, und so setzen sich heute einer der höchsten schiitischen Geistlichen des Irak und einer seiner höchsten sunnitischen Führer regelmäßig an einen Tisch. *Das* ist der Weg zur Veränderung. Erklärungen und Proklamationen sind schön und gut, aber auf sie müssen Taten folgen, und möglich werden diese Taten durch Beziehungen zwischen den Menschen.

In Beirut trafen sich 2008 vier der höchsten Geistlichen des Irak. Im Uhrzeigersinn von links: Scheich Dr. al-Kubaisi, Scheich Dr. Abdel Latif, Scheich al-Zuhairi und Ayatollah Ammar Abu Ragif.

Wenn wir Beziehungen geknüpft und die Kongresse oder Institutionen oder was auch immer ins Leben gerufen haben, die diese Beziehungen tragen, müssen wir darangehen, die Beziehungen zu pflegen und weiterzuentwickeln. Täglich neu müssen wir die aufkommenden Probleme angehen und dazu das Gespräch mit sämtlichen Parteien führen – mit Diplomaten,

Politikern, Militärs, Geistlichen und Terroristen. Und jedes Gespräch ist anders.

Alle Diplomaten, mit denen ich im Irak im Gespräch bin, arbeiten für irgendein Mitgliedsland der Koalition. Die Gespräche sind gewöhnlich sehr hochrangig, da ich meistens mit dem Botschafter des betreffenden Landes oder seinem Stellvertreter zu tun habe. Es sind immer sehr ausführliche Gespräche. Manche Regierungen finanzieren einen Teil unserer Arbeit mit den religiösen Führern und wollen natürlich wissen, was für Fortschritte diese Projekte machen und ob die anvisierten Ziele erreicht werden. Oft bittet eine Botschaft mich, ihr ein Treffen mit dem einen oder anderen religiösen oder politischen Führer zu vermitteln; manchmal klappt das, manchmal nicht.

Oft geht es in meinen Gesprächen mit Diplomaten darum, Wege zu finden, wie man die Zersplitterung der politischen Landschaft stoppen und Koalitionen bauen kann, die die Gräben zwischen Religionen und Ethnien überbrücken. (Bei den ersten demokratischen Wahlen im Irak, zur Übergangs-Nationalversammlung im Januar 2005, stellten über 120 Gruppen und Parteien Kandidaten auf, was denkbar unpraktisch war und die Wähler überforderte.) Nach diesen Gesprächen habe ich immer eine lange Liste von Dingen in der Tasche, die ich erledigen muss.

Meine einzigartigen Kontakte zu den religiösen Führern des Irak bedeuten, dass ich die Diplomaten der Koalitionsländer über die Positionen informieren kann, die ich „vor Ort" vorgefunden habe. Eine ganz zentrale Frage in unseren Überlegungen lautet: Wie kann Religion die Politik beraten, ohne sie zu gängeln? Oft muss ich feststellen, dass die Diplomaten nur sehr wenig darüber wissen, wie die Religion im Irak „tickt", worauf ich sie dann aufklären muss.

Mit manchen Diplomaten arbeite ich häufig bei komplizierten Geiselverhandlungen zusammen. Dann ist der Charakter unserer Gespräche ganz anders. Die Diplomaten wollen wis-

Ayatollah Abu Ragif beim Unterzeichnen der ersten je gemeinsam von Sunniten und Schiiten herausgegebenen Fatwa *(„islamisches Rechtsgutachten") gegen die Gewalt. Rechts Samir.*

sen, wie der Stand unserer Kontakte mit den Leuten sind, die wir für die Entführer halten. Manchmal kann ich ihnen die gewünschte Information geben, manchmal nicht. Ich kann das Vertrauen, das jemand in mich setzt, nicht missbrauchen, selbst wenn dieser Jemand zu den „Bösen" gehört.

Es ist bei diesen Verhandlungen absolut wichtig, dass jeder sich darüber im Klaren ist: Ich stehe mit meinem Team nicht im Dienst irgendeiner Regierung. (Es ist ein offenes Geheimnis, dass meine Stiftung zu einem großen Teil vom Pentagon finanziert wird, aber die Amerikaner haben mir kein einziges Mal Vorschriften gemacht, was ich zu tun und zu lassen habe; ich mache das den Personen, mit denen wir verhandeln, immer klar – und sie akzeptieren das.) Wir müssen diese Dinge als geistliche, nicht als säkulare Führer angehen. Es ist dieses Vorgehen, das uns im Irak Respekt verschafft und in den Stand setzt, nicht jedes Mal, aber manchmal unser Ziel zu erreichen.

Meine Beziehungen zu den irakischen Politikern sind nicht immer einfach, aber stets sehr höflich. Zu einigen von ihnen, wie dem nationalen Sicherheitsberater Dr. Mowaffak, habe ich ein sehr enges Verhältnis bekommen. Auch die irakischen Ministerpräsidenten, die seit dem Krieg im Amt waren, sind meine Freunde geworden. Wenn ich mich mit diesen Menschen treffe, sprechen wir über alle Aspekte ihrer und unserer Arbeit, vom Kampf gegen das religiöse Sektierertum bis zu meiner Gemeindearbeit in der St. George-Kirche in Bagdad. Ich führe auch Gespräche mit Politikern aus den verschiedenen Ländern der Koalition, vor allem den Hauptpartnern Amerika, Großbritannien und Dänemark.

Meine Gespräche mit Mitgliedern der Streitkräfte, sowohl der Koalitionsstreitkräfte als auch (in wesentlich geringerem Umfang) der irakischen Armee, sind stets präzise und sachlich: Was ist zu tun, und wie kann das erreicht werden? Das Hauptthema ist, wie die Gewalt im Land reduziert werden kann. Es ist eine Tatsache, dass die hauptsächlichen Friedensstifter im heutigen Irak die Militärs sind. Ich erinnere sie immer wieder daran. Auch hier verhandele ich normalerweise mit den hohen Offizieren; mit den unteren Rängen komme ich meist nur in Kontakt, insofern sie in meine Gottesdienste gehen. Besonders enge Beziehungen habe ich zum amerikanischen Militär, sowohl vor Ort im Irak als auch im Verteidigungsministerium in Washington.

Meine Gespräche mit religiösen Führern sind immer intensiv. In welchem Land und in welcher Situation wir uns auch befinden – gute Beziehungen zu ihnen sind absolut notwendig. Alle hohen Geistlichen, mit denen ich arbeite, genießen in der politischen wie der religiösen Sphäre hohe Autorität, und es ist oft nicht leicht, ihnen verständlich zu machen, dass in den westlichen Ländern die religiösen Führer nicht solch einen Einfluss haben. Viele dieser Männer wohnen heute außerhalb des Irak, was bedeutet, dass meine Kollegen und ich pausenlos in andere Länder des Nahen und Mittleren Ostens fliegen. Die schier endlosen Telefongespräche reichen nicht aus; wir müssen diese Leute so oft und regelmäßig wie möglich persönlich besuchen – und jedes Mal Geschenke mitbringen, wie ihre Kultur dies verlangt. Stundenlang tauschen wir uns mit ihnen eingehend über die Lage im Irak aus. Meist haben sie Klagen über die Koalitionsstreitkräfte, über die Regierung und über andere religiöse Gruppen und Führer. Der Kontakt zu diesen Menschen kann sehr teuer und zeitaufwendig sein, aber er ist absolut notwendig, denn noch aus dem Exil heraus üben diese Männer über ihre Fernsehsendungen und über die Organisationen im Irak, die sie leiten, großen Einfluss aus.

Doch die wichtigsten Menschen, mit denen ich zu tun habe, sind die Terroristen. Wenn wir die Spirale der Gewalt zurückdrehen wollen, müssen wir mit denen arbeiten, die die Gewalt ausüben. Wie schon gesagt, ist dies nicht immer einfach oder auch nur möglich, und es gibt Gruppen wie al-Qaida, die mit der Koalition grundsätzlich nur durch ihre Waffen sprechen. In diesen Fällen ist der Einsatz militärischer Gewalt die einzige verbleibende Option. Viele Menschen können sich nicht vorstellen, dass Militäraktionen eine wichtige Rolle im Friedenschaffen haben, aber ich glaube, dass diese Rolle heute größer ist als je zuvor.

In einigen Fällen gibt es jedoch auch nicht aggressive Methoden zur Befriedung der Situation. Zum Beispiel haben in der Vergangenheit viele Iraker deswegen zur Gewalt gegriffen, weil sie den Eindruck hatten, dass man ihnen etwas Wertvolles weggenommen hatte. Ob sie Territorium verloren haben oder Geld, Prestige oder politischen Einfluss – immer geht es um einen Machtverlust. Die Lösung besteht darin, ihnen Zugeständnisse zu machen. Um diese Menschen für die Sache des Friedens zu gewinnen, müssen wir die Koalition und die irakische Regierung dazu bringen, ihnen irgendetwas zurückzugeben. Ich kann hier nicht offenlegen, was dies in der Praxis bedeutet hat; aus Sicherheitsgründen kann ich viel von dem, was wir tun, leider nicht benennen. Aber ich kann Ihnen versichern: Ein wichtiger Teil meiner Arbeit besteht darin, Verhandlungen zu dieser Problematik zu vermitteln; dies verläuft oft sehr kompliziert und zeitintensiv.

Mit das A und O bei all dem ist, dass die Menschen mir und meinen Kollegen vertrauen. Ein ganz wichtiger Faktor dafür ist, dass die Menschen mich zuallererst als Geistlichen sehen. Allein deshalb kann ich überhaupt diesen Job tun. Wenn ich kein Pfarrer wäre, könnte ich diese Arbeit nicht machen. Von Mitgliedern der irakischen Regierung bekomme ich oft zu hören, meine beiden wichtigsten Qualifikationen für meine Tätigkeit lägen darin, dass ich ein Geistlicher bin und dass ich schon lange (mittlerweile über ein Jahrzehnt) im Irak arbeite. Dass ich ein ordinierter Geistlicher bin, ist ein ungeheures Plus, denn im Irak gehen Politik und Religion ineinander über. Im Westen können wir viel über die Trennung von Kirche und Staat reden, und sie mag ja auch ihre großen Vorteile haben, aber die Realität im Irak, ja in einem Großteil der nicht westlichen Welt ist ganz anders. Als kürzlich jemand aus meinem Team einige Leute des Großayatollahs al-Sistani fragte, was sie von der neuen irakischen Regierung hielten, antworteten sie ihm, ohne mit der Wimper zu zucken: „Die Regierung sind *wir.*"

Hier im Irak sind Religion und Politik untrennbar miteinander verflochten. Als 2005 die „Clinton Global Initiative" ins Leben gerufen wurde, war ich zusammen mit Madeleine Albright in einer Diskussionsgruppe, und sie gab zu, dass ihr größter Fehler als US-Außenministerin 1997-2001 darin bestanden habe, die Rolle der Religion in der Diplomatie nicht ernst genommen zu haben. In ihrem brillanten Buch *Der Mäch-*

tige und der Allmächtige – Gott, Amerika und die Weltpolitik (München 2006) zeigt sie auf, dass es nutzlos ist zu versuchen, „die Religion aus der Politik herauszuhalten". In zahlreichen Konflikten der heutigen Welt spielt die Religion eine Schlüsselrolle, und wer mit Ernst Frieden schaffen will, der muss zuerst die Religion ernst nehmen.

Eines der größten Probleme, vor denen die Menschheit heute steht, ist das gegenseitige Unverständnis, das zwischen der islamischen und der westlichen Welt herrscht. Viele Muslime verstehen nicht, was die westliche Gesellschaft will und wie sie funktioniert. Sie sehen in ihr nur einen Ausbund der Gottlosigkeit – eine Sichtweise, in der sie leider von vielem, was bei uns im Fernsehen kommt, bestätigt werden; sie sehen diese Sendungen und betrachten sie als Spiegel unserer Gesellschaft. Man braucht sich nur einmal ein paar arabische Fernsehsendungen anzuschauen, um den Unterschied zu sehen. (Merkwürdigerweise geht die Trennung zwischen Religion und Politik im Westen in den Ländern, wo sie inoffiziell ist, wie Großbritannien, noch tiefer als in den USA, wo sie in der Verfassung festgeschrieben ist.)

Der Westen seinerseits hat ein schiefes Bild vom Islam, den er zunehmend mit Radikalismus und Terrorismus gleichsetzt. Wir vergessen, dass jahrhundertelang auch Christen im Namen Gottes Krieg führten. Gewalt im Namen Gottes ist immer falsch, egal, wer sie verübt. Wir sollten uns auch darüber klar werden, dass nur ein kleiner Prozentsatz der Muslime in der Welt solche Gewalt ausübt.

Es sind übrigens im Nahen und Mittleren Osten nicht nur die Muslime, die zu Opfern westlicher Vorurteile werden; den Christen aus der Region schlägt der gleiche Argwohn entgegen. Wenn Sie ein Palästinenser oder ein Iraker sind, gelten Sie automatisch als Sicherheitsrisiko, egal, was für eine Religion Sie haben. Die Sache wird nicht besser dadurch, dass wir uns im Westen nicht mit arabischen Namen auskennen. Zwei meiner engsten christlichen Freunde im Irak heißen mit Vornamen Osama und Dschihad. Im Nahen und Mittleren Osten sind dies Allerweltsnamen, im Westen lassen sie sofort die Alarmglocken klingeln.

Die antiisraelischen Ausfälle des iranischen Präsidenten Mahmoud Ahmadinedschad haben der Vorstellung, dass der Islam (speziell der schiitische Islam) seinem Wesen nach auf Aggression ausgerichtet ist, weitere Nahrung gegeben. Aber nichts könnte von der Wahrheit weiter entfernt sein. Die große Mehrheit der Muslime im Irak sind Schiiten, und ich habe die Erfahrung gemacht, dass die meisten von ihnen friedliebende Menschen sind.

Damit will ich nicht die weltweite, sehr reale Gefahr leugnen, die heute von al-Qaida ausgeht. Länder wie Kenia, Tansania, USA, Indonesien, Spanien, Großbritannien, Algerien, Pakistan und andere wissen, was ihre fundamentalistische Wut anrichten kann. Als Folge hat heute nicht nur der Islam, sondern die Religion allgemein bei vielen im Westen ein denkbar schlechtes Image. Wenn die Menschen im Westen hören, dass ich Pfarrer bin, stimmen sie oft das große Klagelied über die Religion an. Die Religion, so sagen sie mir, ist schuld daran, dass heute so viele Kriege geführt werden. Ich stimme ihnen dann immer zu. Sie sind darauf ganz schockiert, und ich erkläre ihnen, dass die Religion wie ein Hammer oder Meißel ist: Man kann mit ihr Kunstwerke schaffen, aber auch sinnlose Zerstörungen anrichten. Nur zu oft geschieht das Letztere, erkläre ich gerne, wenn mir wieder einmal ein Christ sagt, dass die Welt mehr Religion braucht. Wenn die Religion aus dem Gleis gerät, tut sie das leider meist gründlich, und meine Aufgabe besteht darin, sie an meinem Ort wieder ins richtige Gleis zu heben. Wie ich den Leuten oft sage: Wenn die Religion ein Teil des Problems ist, dann muss sie auch ein Teil der Lösung sein.

Wenn ich im Irak bin, schaue ich mir oft christliche Fernsehsendungen an. Die meisten sind amerikanisch, und die meisten zeigen eine tiefe Ignoranz dessen, was in der übrigen Welt vorgeht. Ich habe den Eindruck, dass es ihnen vor allem um eine Wohlfühlreligion und ein Wohlstandsevangelium geht. Damit habe ich meine Schwierigkeiten, wenn ich sehe, wie meine Leute in der St. George-Kirche rein nichts haben. Sie haben auch keinen Wohlstand zu erwarten, und dabei ist ihre Liebe zu Jesus Christus tief und ernst. Eine große Ermutigung sind mir dagegen Sender wie das britische „God TV", die die FRRME so großzügig darin unterstützen, denen zu helfen, die nichts haben. Ich sage den Christen oft, dass wir für den Frieden nicht nur beten müssen, sondern auch zahlen. Zu oft erwarten wir nicht nur das schnelle, sondern auch das billige Ergebnis. Ich werde nicht müde, dies Regierungen und Hilfsorganisationen zu erklären.

Die Dämonisierung des Islam ist nicht der einzige Fehler, den wir im Westen gemacht haben. Wir haben das ganze Wesen dieser Religion missverstanden. Wenn wir davon reden, den „gemäßigten Muslimen" den Rücken zu stärken und nur mit ihnen zu reden – woran denken wir? Klar, an die Muslime, die unsere westlichen Ideale teilen. Nun, als Christ und als Pfarrer würde ich mich sehr beleidigt fühlen, wenn man mich einen „gemäßigten" Gläubigen nennen würde. Ich bin kein gemäßigter Gläubiger. Es ist mir ernst mit meinem Glauben und meiner Tradition. Wenn ich im Sonntagsgottesdienst das Glaubensbekenntnis spreche, meine ich jedes Wort ernst. Und ich teile die Besorgnis meiner muslimischen Brüder und Schwestern über den wachsenden Säkularismus und den Abfall von Gott in der westlichen Gesellschaft.

Der echte Islam ist – gerade so wie der echte christliche Glaube – alles andere als gemäßigt. Wenn wir als „gemäßigte Muslime" diejenigen Muslime bezeichnen, die Gewalt und Terrorismus ablehnen und die tolerant gegenüber „dem anderen" sind (ob dieser nun Christ oder Jude ist), stärken wir nur denen den Rücken, die Ja zur Gewalt und Nein zur Toleranz sagen, und stellen diese als die „echten“ Muslime dar, die ihren Glauben ernst nehmen (und eben nicht gemäßigt sind). Ich verbringe den Großteil meiner Zeit im Nahen und Mittleren Osten, und die meisten meiner Kollegen sind Muslime. Etliche der Menschen, denen ich am meisten vertraue, sind Muslime, einschließlich der Dolmetscher, die im Gottesdienst meine Predigten ins Arabische übersetzen. Kein Einziger von ihnen ist ein „gemäßigter Muslim“. Sie sind alle entschieden gegen jede Gewalt, aber sie sind genauso entschieden in ihrem Glauben und ihrer Entschlossenheit, Gott zu dienen. Ich muss gestehen, dass ich mit ihnen mehr gemeinsam habe als mit vielen meiner sogenannten christlichen Kollegen.

Wenn wir die sehr realen Probleme und Konflikte zwischen dem Westen und der islamischen Welt wirklich lösen wollen, müssen wir damit anfangen, dass wir die richtige Sprache benutzen. Dabei müssen wir zuallererst Schluss machen mit dem Gerede von den „Gemäßigten“. Wir müssen den Islam als Religion achten, und dies bedeutet, dass wir die Muslime achten, die es ernst mit ihrem Glauben meinen. Nach meiner Erfahrung sind die meisten Muslime tolerant und zur Zusammenarbeit mit anderen bereit. Aber sie erwarten, dass die anderen sie respektieren, ja bereit sind, von ihnen zu lernen. Vielleicht kann der Westen, ja sogar die Kirche einiges vom Islam lernen. Vielleicht sollten wir uns einmal an die eigene Nase packen und fragen, wie wir unseren eigenen Glauben ernster nehmen können. Wir sollten auch Schluss machen mit der fixen Idee, dass die besten Kandidaten für den Dialog mit den Muslimen die liberalen Christen sind. Wir brauchen für diesen Dialog Christen, die rechtgläubig und von ihrem Glauben fest überzeugt sind – das ist jedenfalls das, was die Muslime von den Christen erwarten.

Wenn um einen herum der Krieg tobt, kann Friedensarbeit ungeheuer aufreibend sein. Dies ist nicht die Art Arbeit, wo man den Menschen sagen kann: „Kommen Sie morgen wieder." Oft muss sofort gehandelt werden, etwa wenn eine Moschee oder Kirche in die Luft geflogen ist, wenn die nächsten Geiselnehmer zugeschlagen haben oder wieder ein Kollege ums Leben gekommen ist. Mehr als einmal habe ich in Bagdad mit meinen Kollegen zusammengesessen und über die nächste Hiobsbotschaft oder Todesnachricht geweint. Wenn man umsonst versucht hat, die Katastrophe zu verhindern, tut es ungeheuer weh.

Aber wir haben auch Augenblicke überschwänglicher Freude erlebt. So ist unsere Arbeit nun einmal. Sie ist kompliziert und intensiv, und vieles muss ich unter dem Mantel der Diskretion belassen. Vielleicht kommt einmal der Tag, wo ich die ganze Geschichte erzählen kann.

Die Suche nach Frieden inmitten der Gewalt ist ein riskanter Job. Manchmal ist er so riskant, dass nur sehr wenige ihn tun können. Nichts ist sicher – außer dass jemand den Job machen muss. Wir müssen uns darüber klar sein, dass diese Arbeit sehr, sehr lange braucht und dass wir nie aufgeben dürfen. Hier im Irak ist man in dieser Arbeit oft sehr einsam und unverstanden. In manchen Zeiten wünsche ich mir, einen anderen Auftrag zu haben – aber dann wird ein kleines Licht im Tunnel sichtbar: Ein sunnitischer und ein schiitischer Geistlicher essen gemeinsam oder eine Geisel kommt frei, und ich kann wieder hoffen.

Diese Hoffnung ist oft viel mehr theologisch als politisch. Die irakische Politik bietet häufig sehr wenig Grund zu Optimismus, aber dann bricht ganz unerwartet die Auferstehungshoffnung durch. Ich denke hier an Tage, wo alles schwarz zu sein schien; dann ging ich im Geiste zum leeren Grab Christi und blieb davor stehen – und dieses Grab wurde mein Hoffnungszeichen. Wir holen Luft und fassen Mut. Der Geist und die Herrlichkeit und die Engel Gottes sind hier und erfüllen die Atmosphäre mit seiner Gegenwart. Er ist in unserer Welt am Werk, und ich glaube, dass der Nahe und Mittlere Osten im Zentrum seiner Pläne steht. Je mehr ich in dieser Region arbeite, umso mehr sehe ich, dass Gott im Regiment sitzt. Ich habe das selber erfahren. Von mir aus kann ich nichts tun, aber Gott kann alles tun. Ich habe gelernt: Was in der materiellen Welt geschieht, ist oft nur ein sichtbarer Ausdruck von dem, was in der spirituellen Welt geschieht.

Wenn Sie mich vor ein paar Jahren gefragt hätten, was das Wesen des Friedensstiftens ist, hätte ich Ihnen eine lange und weitschweifige Antwort gegeben. Heute würde ich nur ein Wort sagen: *Liebe.* Es ist Liebe, die uns in den Stand setzt zu vergeben, und Vergeben ist das Einzige, was verhindern kann, dass die Wunden der Vergangenheit die Zukunft bestimmen. Jesus hat uns geboten, unsere Feinde zu lieben, aber meistens mögen wir sie noch nicht einmal. Ich muss viel Zeit mit Menschen verbringen, die mir zuwider sind, und bevor ich zu ihnen gehe, bete ich immer ganz einfach: „Herr, hilf mir, sie zu lieben!“ Wenn es einen Bibelabschnitt gibt, der eine Art Rezept für meine Arbeit ist, dann wohl Römer 12,9-21:

> „Eure Liebe soll aufrichtig sein. Und wie ihr das Böse hassen müsst, sollt ihr das Gute lieben. Seid in herzlicher Liebe miteinander verbunden, gegenseitige Achtung soll euer Zusammenleben bestimmen. Bewältigt eure Aufgaben mit Fleiß, und werdet nicht nachlässig. Lasst euch ganz von Gottes Geist durchdringen, und dient Gott, dem Herrn. Seid fröhlich in der Hoffnung darauf, dass Gott seine Zusagen erfüllt. Seid standhaft, wenn ihr verfolgt werdet. Und lasst euch durch nichts vom Gebet abbringen. Helft anderen Christen, die in Not geraten sind, und seid gastfreundlich!
>
> Bittet Gott um seinen Segen für alle, die euch verfolgen, ja, betet für sie, anstatt sie zu verfluchen. Freut euch mit den Fröhlichen! Weint aber auch mit den

Trauernden! Seid einmütig untereinander! Strebt nicht hoch hinaus, und seid euch auch für geringe Aufgaben nicht zu schade. Hütet euch vor Selbstüberschätzung und Besserwisserei.

Vergeltet niemals Unrecht mit neuem Unrecht. Euer Verhalten soll bei allen Menschen als ehrbar gelten. Soweit es irgend möglich ist und von euch abhängt, lebt mit allen Menschen in Frieden. Liebe Freunde, verschafft euch nicht selbst Recht. Überlasst vielmehr Gott das Urteil, denn er hat ja in der Heiligen Schrift gesagt: ‚Es ist allein meine Sache, euch zu rächen. Ich, der Herr, werde ihnen alles vergelten.' Handelt so, wie es die Heilige Schrift von euch verlangt: ‚Wenn dein Feind hungrig ist, dann gib ihm zu essen; ist er durstig, gib ihm zu trinken. So wirst du ihn beschämen.' Lass dich nicht vom Bösen besiegen, sondern besiege das Böse durch das Gute."

Es gibt Zeiten, wo das Lieben Schwerarbeit ist – wenn man den Eindruck hat, so viel gegeben und nichts dafür bekommen zu haben. Das passiert mir besonders bei langwierigen Verhandlungen mit Geiselnehmern. Manchmal koche ich innerlich, wenn ich mich zu einem Gespräch begebe, aber ich weiß auch: Wenn sich überhaupt etwas bewegen soll, dann muss ich diese Wut ablegen und lieben. Wenn ich mit Terroristen verhandele, ist mir klar, dass sie etwas von mir wollen, aber oft kann ich ihnen nichts bieten außer Liebe. Doch diese Liebe weitergeben heißt Jesus weitergeben. Und so lieben, lieben und lieben und beten, beten und beten und hoffen, hoffen und hoffen wir, dass die Dinge sich bewegen und Änderung möglich wird – durch die Herrlichkeit Gottes.

7
Die wunderbarste Gemeinde in der Welt

Ich sah die anglikanische „Church of St. George of Mesopotamia“ (Kirche des Heiligen Georg von Mesopotamien) das erste Mal während meines ersten Besuchs im Irak im Jahre 1999. Das 1936 im Art-déco-Stil errichtete Ziegelgebäude war damals heruntergekommen und voller Tauben und Dreck, obwohl die mit den Wappen diverser britischer Regimenter verzierten Buntglasfenster alle intakt waren. Seit 14 Jahren hatte es hier keine Gottesdienste mehr gegeben. Kurz zuvor war ein neuer Hausmeister eingesetzt worden, ein ehemaliger Soldat namens Hanna, der 17 Jahre lang Kriegsgefangener im Iran gewesen war. Aber man hatte ihn nie in seine Arbeit eingewiesen. Obgleich er 50 Dollar im Monat bekam – mehr als das Zehnfache von dem, was die meisten Iraker verdienten –, schien er seine Stelle als Teilzeitjob zu betrachten und verbrachte den Großteil des Tages damit, Zigaretten zu verkaufen. Nun, ich zeigte ihm, was er zu tun hatte, und er ging sofort an die Arbeit. Innerhalb von ein paar Tagen hatte er aus einem verdreckten Gemäuer ein sauberes gemacht. Sehr anglikanisch sah das Ergebnis nicht aus. Hanna ist ein chaldäischer Katholik, und er hatte die Kirche mit Plastikblumen, Marienbildern und dem Duft von Weihrauch gefüllt.

An den meisten Tagen dieses ersten Besuchs im Bagdad hielt ich in St. George die anglikanische Abendandacht. Die einzigen anderen Teilnehmer außer mir waren Hanna und die diversen Männer von der Mukhabarat, dem Geheimdienst, die zu meiner Bewachung abgeordnet waren. Die Kirche war damals ein recht trauriger Ort.

Bei meinem zweiten Irak-Besuch wurde ich von Colin Bennetts begleitet (damals mein Bischof von Coventry), von Peter

Price (heute Bischof von Bath und Wells, damals von Kingston) und von Clive Handford (damals Bischof von Zypern und der Golfregion), der 1967 kurz der Pfarrer von St. George gewesen war und die Kirche sehr mochte. Ich kann mich noch gut an diesen Sonntagsgottesdienst erinnern, wo die Gemeinde ganz aus Bischöfen, Spionen und dem Hausmeister bestand.

Die Jahre gingen ins Land. Tarik Aziz, der stellvertretende Ministerpräsident unter Saddam, erlaubte mir, Gottesdienste in der Kirche abzuhalten, wenn ich in Bagdad war, aber jedes Mal, wenn ich dies tat, fragte ich mich, ob St. George je wieder eine „normale“ Kirche werden würde. Inzwischen bestand meine Gemeinde außer den Leuten von der Mukhabarat vor allem aus UN-Mitarbeitern. Hanna war weiter der Hausmeister. Er heiratete schließlich seine Rema, und sie bekamen ein Mädchen, das sie Marjam (Arabisch für „Maria“) nannten. Drei Jahre danach bekamen sie Zwillinge, die sie Martin und George (nach der Kirche) nannten. Nach weiteren zwei Jahren bekamen sie noch einen Sohn, den sie Andrew Clive nannten, nach Bischof Clive und mir.

Fünf Jahre lang wurde an der Kirche nichts repariert. Keines ihrer Nebengebäude hatte Türen oder Fenster; innen sahen sie abbruchreif aus, was aber nicht viel machte, weil sie sowieso kaum benutzt wurden. Als 2003 der Krieg näher kam, machte ich mir immer mehr Sorgen um Hanna und seine Familie, die im Gemeindesaal wohnten. Links und rechts von der Kirche standen wichtige öffentliche Gebäude – hier das Informationsministerium, dort das Nationaltheater. Ich rief Hanna an und bat ihn, an einen sichereren Ort zu ziehen, bevor die Bombenangriffe begannen. Er versprach mir, dies zu tun, sagte aber, dass er selbst in der Kirche bleiben musste, um nach dem Rechten zu sehen. Ich stimmte schließlich dieser Lösung zu, aber machte mir jeden Tag Sorgen um Hanna, bis der Krieg vorbei war.

Als ich im Mai 2003 in den Irak zurückkehrte, stand die Kirche unversehrt zwischen den Ruinen der benachbarten Gebäude. Auch Hanna war nichts passiert, außer dass in dem Chaos nach dem Fall der Stadt Plünderer in die Kirche eingedrungen waren. Sie hatten ihn gefesselt und alles gestohlen, außer dem marmornen Taufbecken, dem Safe, den sie mit Sprengstoff geöffnet hatten, und dem Kreuz aus massivem Silber darin, das die Kirche zum Andenken an einen im Ersten Weltkrieg gefallenen britischen Soldaten bekommen hatte und das die Diebe aus unerfindlichen Gründen verschmäht hatten.

Ich werde nie den ersten Gottesdienst vergessen, den wir dort nach der Befreiung des Irak feierten. Die etwa 50 Personen zählende Gemeinde bestand überwiegend aus Soldaten und Diplomaten; auch der Katholikos-Patriarch der „Alten Kirche des Ostens“ war erschienen. Um die Kirche waren Panzer und Schützenpanzerwagen postiert, oben kreisten Hubschrauber wie klappernde Engel. Die Sicherheitsvorkehrungen waren deswegen so strikt, weil es glaubhafte Warnungen gab, dass jemand vorhatte, die Kirche in die Luft zu sprengen. Ich erfuhr das erst am folgenden Tag; die Besucher aus der Koalition schienen es schon vorher gewusst zu haben, waren aber trotzdem gekommen. Kanonikus Justin Welby, der damals zusammen mit mir das Internationale Versöhnungszentrum in Coventry leitete, hielt den Gottesdienst, und ich predigte über Haggai 2,9: „Es soll die Herrlichkeit dieses neuen Hauses größer werden, als die des ersten gewesen ist, spricht der Herr Zebaoth; und ich will Frieden geben an dieser Stätte, spricht der Herr Zebaoth“ (revidierte Lutherbibel). Der gleiche Vers ist an einer Stelle in die Ruine der Kathedrale von Coventry eingemeißelt. Als ich in Coventry war, sah ich ihn fast jeden Tag, und er war mein Hoffnungsvers für die St. George-Kirche. Ich dachte damals, dass die „größere Herrlichkeit“ die positiven politischen Veränderungen im Irak wären, die wir alle erwarteten. Was tatsächlich kam, war etwas ganz anderes.

Die Gemeinde wurde von Woche zu Woche irakischer. Nicht lange danach mussten wir die Gottesdienste auf Arabisch halten; meine Predigten übersetzte mein Assistent (und mittlerweile guter Freund) Georges Sada. Bald kamen an die 200 Iraker zum Gottesdienst; dafür blieben, als die Viertel außerhalb der Grünen Zone in Gewalt und Chaos versanken, alle Besucher aus dem Westen weg, bis auf einen – die Tochter des britischen Botschafters in Kuweit. Bald führte ich unseren ersten Laienpastor in sein Amt ein, einen großartigen Mann namens Maher, der vom mandäischen zum christlichen Glauben übergetreten war und ein eigenes kleines Missionswerk gegründet hatte. Wenn ich nicht da war, sorgte er vorbildlich für die Kirche und ihre Gemeinde, während die Sonntagsgottesdienste von meinem Freund und Kollegen Oberst Frank Wismer übernommen wurden, einem amerikanischen Militärpfarrer der Koalitions-Übergangsverwaltung.

Als Weihnachten kam, besuchten regelmäßig 300 Menschen den Gottesdienst, darunter über hundert Kinder. Mit Mitteln der britischen Regierung und der Diözese von Zypern und der Golfregion waren Türen und Fenster der Kirche repariert, die Ziegelwände gereinigt und ein Teppich gelegt worden.

Doch während die Gemeinde aufblühte, wurde mein Leben immer schwieriger. Es war Schwerarbeit, die Kirche überhaupt zu erreichen. Ich wohnte vielleicht drei Kilometer entfernt, aber die Straßen waren so verstopft, dass die Fahrt durch das Zentrum von Bagdad bis zu fünf Stunden dauern konnte – und später dann wieder fünf Stunden zurück. Der Verkehr in den Tagen direkt nach dem Krieg war furchtbar, weil so viele Menschen die neu gewonnene Freiheit mit dem Kauf eines Autos gefeiert hatten. Doch als der Sommer 2004 kam, wurde es schwierig, an Benzin zu kommen, und die Autofahrer standen zwei Tage oder mehr vor den Tankstellen Schlange. Nach einer Weile zog ich in ein Haus am Tigris um, am anderen Ende der Stadt. Mein neues Domizil war doppelt so weit von der Kirche entfernt wie das alte, aber da wir nicht mehr durchs Stadtzentrum fahren mussten, brauchte ich nie länger als eine Stunde.

Die „wunderbarste Kirche in der Welt" ist die Gemeinde, nicht das Gebäude, das seit Ende 2004 von Betonbarrieren, mit Zement gefüllten Ölfässern und Stacheldraht umgeben ist.

Die St. George-Gemeinde wuchs stetig weiter, und nach ein paar Monaten erstrahlten die Nebengebäude, die ich für abbruchreif gehalten hatte, wieder im alten Glanz. Doch im April 2005 kam eine traurige Nachricht. Maher, seine Frau und ihr 14 Jahre alter Sohn waren, begleitet von einem Assistenten, nach Jordanien gefahren, um an einer christlichen Konferenz teilzunehmen. Auf dem Rückweg riefen sie mich an der irakischen Grenze über Satellitentelefon an. Das war ihr letztes Lebenszeichen; weder sie noch ihr Fahrer noch die drei anderen in ihrer Gruppe wurden je wieder gesehen. Wahrscheinlich wurden sie entführt und ermordet (es gab damals viele Entführungen); eine Lösegeldforderung erhielten wir nie. Ich setzte einen provisorischen Vertreter für Maher ein, während wir vergeblich auf Nachrichten warteten. Wir mussten uns auch um sein Kind kümmern, das in Bagdad geblieben war, ein Mädchen im Teenageralter.

Insgesamt kamen 2005 elf meiner Mitarbeiter ums Leben oder verschwanden. Schließlich fand der britische Botschafter, dass das Wohnen außerhalb der Grünen Zone zu gefährlich für mich war, und so zog ich aus meinem schönen, geräumigen Haus direkt am Fluss an meine neue Adresse um: 27 Foss Way, Ocean Cliffs, Bagdad. Es gab dort weder Ozean noch Klippen. Meine neue Bleibe war ein kleiner Wohnwagen in einer Tiefgarage. Bad und WC gab es nicht, sodass ich die öffentlichen Toiletten benutzen musste, die aus unerfindlichen Gründen alle nach renommierten Colleges in Oxford und Cambridge benannt waren. Ich wollte natürlich die benutzen, die

Nach dem Gottesdienst, vor meiner Rückfahrt nach Hause. Neben mir vier meiner Leibwächter aus den irakischen Spezialeinheiten, vor mir einige Menschen meiner Gemeinde.

nach meinem eigenen College, „Clare“, benannt war, musste aber feststellen, dass es eine Damentoilette war. Die nebenan war nach dem „All Souls College“ in Oxford benannt, aber jemand hatte den Namen durchgestrichen und „Trent Polytechnic“ darübergeschrieben – eine wesentlich prosaischere Adresse, aber irgendwie passender.

Dann hieß es, dass es zu gefährlich für mich geworden war, zur St. George-Kirche zu fahren. Es war auch zu gefährlich für die Gemeinde, und so kam sie fortan jede Woche in die Grüne Zone. Wir hielten unsere Gottesdienste entweder im Amtssitz des Ministerpräsidenten ab oder in dem meines Freundes und Kollegen Dr. Mowaffak. Stundenlang waren wir dort zusammen, genossen die Freiheit und Sicherheit und feierten Gottesdienst. Jede Menge Kinder kamen, dazu ihre Mütter sowie die paar Väter, die noch am Leben waren. Wir müssen die einzige Gemeinde der Welt gewesen sein, die im Amtssitz eines schiitischen Muslims zusammenkam – die Avantgarde des Dialogs zwischen den Religionen sozusagen, wie ich gerne bemerkte. Die meisten der Sicherheitskräfte, die diese Gebäude bewachten, waren Südamerikaner; als gute Katholiken kamen sie gerne zu uns zum Abendmahl und wir hießen sie willkommen. Manchmal konnte ich einen der amerikanischen Militärgeistlichen als Gastprediger gewinnen, und wenn ich wieder einmal eine Taufe hielt, benutzte ich als Taufbecken eine rote Plastikschüssel.

Eine große Enttäuschung erlebten wir, als der Vater von Philip Rizk, dem Mann der FRRME in Gaza, uns eine Ladung bebilderte Kinderbibeln schickte und der Lkw auf dem Weg in den Irak gestohlen wurde. Wir hatten reichlich Bibeln für Erwachsene, aber keine Kinderbibeln. Ein paar Monate danach hielten wir im Büro von Dr. Mowaffak gerade einen Gottesdienst, als ein Mann namens Ali hereinkam. „*Abuna* [Vater]“, sagte er zu mir, „Sie haben mir ja gar nicht gesagt, dass so viele Kinder hier sind.“ Natürlich hatte ich es ihm nicht gesagt; Ali ist ein hohes Tier in der Mahdi-Miliz. Nun, er ging wieder und kam fünf Minuten später mit mehreren Dutzend Kinderbibeln zurück. Ich schaute in eine hinein; es waren die gestohlenen Kinderbibeln! Sie hatten uns auf einem etwas unkonventionellen Weg erreicht, aber erreicht hatten sie uns. Gott war treu, und die Kinder waren begeistert.

Eines der Kinder, die sechsjährige Vivian, war sehr krank. Es hieß, dass sie Blasenkrebs hatte, der vermutlich durch Uranstaub verursacht war. Einmal, als ich für sie betete, sagte mir ihr Vater, dass das Bestrahlungsgerät im Krankenhaus nicht mehr funktionierte. Ich weiß noch gut, wie ich Vivian die Hände auflegte und Gott bat – nein, nicht sie zu heilen, sondern uns den richtigen Arzt für sie zu zeigen. An diesem Abend betete ich wohl drei Stunden für Vivian. Am folgenden Tag predigte ich in einem Gottesdienst in der US-Kapelle im Palast. Als er vorbei war und ich an der Tür der Kapelle die Hände der Gäste schüttelte und mein „Auf Wiedersehen, Herr General, auf Wiedersehen, Herr Oberst“ sagte, sah ich auf einmal einen Offizier, der mir neu war. Ich kam mit ihm ins Gespräch, und siehe da, Major Gibbons war nur ein paar Kilometer von meiner Wohnung in Hampshire aufgewachsen. Ich fragte ihn, was er in Bagdad machte; er sagte, dass er im Lazarett arbeitete.

Ich fragte ihn, was er dort machte, und er antwortete: „Oh, ich bin halt Urologe.“ Ich hätte ihn umarmen können! „Ein Urologe?“, fragte ich. „Sie sind genau der Mann, den ich brauche!“ Ich erzählte ihm Vivians Fall, und er bat mich, sie gleich am nächsten Tag ins Lazarett zu bringen. Das war gar nicht so einfach, aber mit der Hilfe eines Stabsarztes, der Glied meiner US-Gemeinde im Palast war, schafften wir es schließlich.

Vivians Zustand war ernst; der Krebs wuchs unaufhaltsam, und die Blase musste entfernt werden. Aber im Irak gab es niemanden, der diese Operation durchführen konnte. Major Gibbons erkundigte sich, ob man das Kind in Amerika operieren konnte, aber niemand von Vivians Verwandten sprach Englisch. Schließlich fand er einen Chirurgen in Jordanien, der in Amerika ausgebildet und ein Spezialist für Vivians Krebs war; er erklärte sich bereit, sie im König-Hussein-Krebshospital in Amman zu behandeln.

Ich hatte eine Woche, um die 30.000 Dollar, die die ganze Aktion kosten würde, aufzutreiben. Es gelang mir, nicht zuletzt mit der Hilfe der US-Kapelle im Palast. Wir brachten Vivian und ihren Vater nach Jordanien, wo ich mich mit dem Arzt über die Behandlung und die Erfolgsaussichten besprach, während die vorbereitende Chemotherapie durchgeführt wurde. Dann kam die Operation, bei der die gesamte Blase entfernt wurde. Vivian war echt tapfer! Nach der Operation konnten ihre Mutter und Brüder zu ihr stoßen, und wir brachten die ganze Familie zusammen in einem Haus unter. Es war ein Festtag, als Vivian aus dem Krankenhaus entlassen wurde.

Mit der kleinen Vivian in Amman, an dem Tag, an dem sie nach ihrer Operation aus dem Krankenhaus kam.

Ich sagte ihr, dass ich ihr alles besorgen würde, was sie wollte. Sie wollte zwei Sachen: eine Puppe aus England und ein Mobiltelefon. Als sie beides bekam, war sie überglücklich. Sie machte gute Fortschritte. Glücklicherweise war mein früherer Kollege Fadel Alfatlawi, der ehemalige Leiter des IIP, mittlerweile in Jordanien, und er kümmerte sich rührend um Vivians Familie. Es war eine Freude zuzusehen, wie Vivian wieder spielte und tanzte. Eines Tages sagte Fadel ihr, wenn sie groß sei, würde er sie heiraten, worauf sie ihm erklärte, dass das nicht ging, da sie doch schon „Vater Andrew" heiraten würde …

Jeden Tag, ob im Irak oder in Großbritannien, rief ich an, um zu hören, wie es Vivian ging. Die Nachrichten waren gut – bis man mir eines Tages sagte, dass sie auf ihrem linken Auge nichts mehr sehen konnte. Es war ein furchtbarer Schlag. Ich sprach mit ihrem Arzt, und er erklärte mir, dass sie offenbar einen Sekundärtumor am Sehnerv bekommen hatte und man jetzt nichts mehr für sie tun konnte. Als Vivian diesmal aus dem Krankenhaus kam, stand sie kurz vor dem Tod. Ich hatte für dieses Kind, das ich wie mein eigenes liebte, so viel gehofft und gebetet. In der ganzen Welt beteten Menschen für Vivian – Christen, Muslime und Juden –, aber als ich Anfang April 2007 vor dem Abflug nach England Vivian zum Abschied küsste, wusste ich, dass ich sie nicht mehr lebendig wiedersehen würde. Ich sprach damals das Gebet des greisen Simeon, als er das Jesuskind sah: „Nun entlässt du, o Herrscher, deinen Knecht nach deinem Wort in Frieden; denn meine Augen haben dein Heil gesehen" (Lukas 2,29-30; Bruns-Bibel). Mit schwerem Herzen flog ich nach Hause. Ich dachte an Major Gibbons, wie ich ihn scheinbar zufällig kennengelernt hatte und wie hier Gott seine Hand im Spiel gehabt hatte. Ich wusste nicht, warum Vivian jetzt sterben musste, aber ich wusste: Sie war in Jesu Hand. Sie sagte ihren Eltern, dass immer wieder Engel sie besuchten. Ich wusste, dass es nicht mehr lange dauern würde, bevor sie bei ihnen war.

Eines Abends rief Fadel mich an. Vivian lag im Koma im Krankenhaus; er und ihr Vater waren bei ihr. Früh am nächsten Morgen packte ich gerade meine Koffer, um nach Amerika zu fliegen, wo ich auf einer Heilungskonferenz sprechen wollte, als Fadel mich wieder anrief und mir sagte, dass Vivian gestorben war. Ich weinte, wie ich noch nie in meinem Leben geweint hatte. Dann sagte ich meinen Leuten, dass ich nicht nach Amerika fliegen würde, sondern zurück nach Jordanien, um Vivian am folgenden Tag zu beerdigen.

Es war die schwerste Beerdigung, die ich je gehalten hatte, aber es war auch ein Tag der Freude über ein schönes kleines Mädchen. Ich sagte der Gemeinde, dass Vivian so wunderbar war – Jesus brauchte sie. Vivian, meine Vivian, war im Himmel. Anschließend flog ich von Jordanien zurück nach Bagdad und berichtete Vivians Verwandten und Freunden und der ganzen St. George-Gemeinde von dem Trauergottesdienst. Wir hatten alle Tränen in den Augen, als wir zusammen an Vivians Leben dachten. Ihre Eltern und Geschwister blieben bis September 2008 in Jordanien. Dann bekamen sie die Ausreiseerlaubnis nach Frankreich. Ich werde sie bestimmt wiedersehen, und ich werde nie aufhören, sie zu lieben.

Anfang 2007 war die Gemeinde auf über tausend Glieder angewachsen, und es gab in der Grünen Zone kein Versammlungslokal, das groß genug für sie war. Die Gewalt war gerade rückläufig, und so fing ich wieder an, die Gottesdienste in der Kirche zu halten, allerdings nicht ohne dass mich fünf bis an die Zähne bewaffnete Leibwächter von GardaWorld begleiteten. Ich hatte die St. George-Kirche jetzt über ein Jahr nicht mehr gesehen. Wir besorgten jedem unserer Gemeindeglieder einen Berechtigungsausweis, sodass wir sie regelmäßig mit Lebensmitteln und Geld versorgen konnten. Es fehlt diesen Menschen an allem, und was wir ihnen nicht geben, haben sie nicht. Die Kosten für diese Hilfe sind immens und werden in erster Linie von Gemeinden in Großbritannien bestritten.

Wir versorgen auch die Menschen, die in dem Viertel leben (die meisten sind Muslime), sowie mehrere Einrichtungen in Bagdad, die Kranken, Alten und Behinderten helfen, mit Lebensmitteln, und nicht zuletzt unterstützen wir das „Mutter-Teresa-Heim“ für schwerbehinderte Kinder, das ein besonderes Anliegen unserer „Mothers' Union“ ist.

Ich werde oft gefragt, was die Mothers' Union in Bagdad ist und warum sie gegründet wurde. Die Mothers' Union ist die weltweit größte Missionsorganisation der Anglikanischen Kirche. Da niemand in der St. George-Gemeinde aus der anglikanischen Tradition kam, fand ich es wichtig, unsere anglikanische Identität auf irgendeine Weise zu stärken, und hier hat unsere Mothers' Union hervorragende Dienste geleistet. Ostern 2006 gegründet, ist sie heute der mit Abstand größte Zweig der Mothers' Union im Nahen und Mittleren Osten. Sie ist auch die größte Gruppe in unserer Gemeinde. Die über tausend Mitglieder, die von Nawal, der Frau unseres Laienpastors Faiz, geleitet werden, tragen ihre Abzeichen voller Stolz und stehen an der vordersten Front unserer Hilfsarbeit: Sie versorgen Familien mit Lebensmitteln, nähen Kleidung und Gardinen und anderes, was im Haushalt benötigt wird. Der Raum der Mothers' Union in der Kirche ist mit mehreren Nähmaschinen ausgestattet; es gibt auch eine eigene Küche. Die Frauen treffen sich mehrere Male pro Woche zum Gebet und Bibelstudium und arbeiten voller Elan für die Menschen in unserem Viertel.

Anfang 2007 hatten wir zwei Laienpastoren, Faiz und Madschid, beides wunderbare Männer Gottes. Eines Tages war ich gerade zu Hause im idyllischen Hampshire und ging unsere Straße entlang, als mein Mobiltelefon klingelte. Es war mein junger Freund David, der in der Kirche wohnt und arbeitet. Er rief: „Sie haben Madschid entführt!“ Ich holte tief Luft und versprach ihm, dass ich sofort Samir im Irak anrufen würde.

Ich führe Michael Lewis, unseren neuen Bischof, bei seinem ersten Besuch in Bagdad durch die Kirche.

2006: Mit Madschid, unserem damaligen Laienpastor von St. George, und seiner Familie bei der Taufe seiner kleinen Tochter. Er wurde kurz darauf entführt. Rechts Oberst Hoyt.

Es zeigte sich bald, dass es Madschids Entführer um Geld ging und nicht um politische Forderungen, was eine gute Nachricht war. Ich wies meine Leute in Bagdad an herauszufinden, wie viel die Entführer wollten. Die Antwort war: 60.000 Dollar. So viel hatte die Kirche nicht – aber noch am selben Morgen erhielten wir eine Spende von 20.000 Pfund von „God TV", was uns in die Lage versetzte, den Entführern 40.000 Dollar zu bieten. Das nahmen sie an. Eine begeisterte Gemeinde konnte Madschid wieder in Empfang nehmen. Er berichtete, dass er während seiner Gefangenschaft dauernd laut gebetet und Bibelverse zitiert hatte. Die Entführer hatten ihn gefragt, warum er das machte, und er hatte es ihnen gesagt. Der Anführer der Gruppe hatte ihm erklärt, dass sie ihre Opfer meist töteten, aber dass das bei ihm aus irgendeinem Grund nicht ging. Doch sie warnten ihn: Wenn er oder seine Verwandten in sein Haus zurückkehrten, und sei es auch nur, um ihre Kleidung zu holen, wäre er ein toter Mann. Worauf wir ihn und seine Frau und Kinder in der St. George-Kirche unterbrachten. Es zeigte sich bald, dass die Familie im Irak nicht mehr sicher war, und mit Tränen in den Augen sagten wir diesen Menschen Ade und schickten sie nach Syrien.

Die St. George-Kirche steht in der Haifa-Straße, die heute eine der gefährlichsten in ganz Bagdad ist. In den ersten Tagen des Jahres 2007 kam es dort zu schweren Gefechten zwischen diversen Milizen, darunter der Mahdi-Armee und al-Qaida. Es gab viele Tote, und als ich am folgenden Tag auf dem Weg zur Kirche die Straße entlangkam, sah ich 50 oder 60 Leichen, die von Bäumen und Laternenpfählen hingen. Jede Woche frage ich meine Gemeindeglieder, was sie mir erzählen möchten, und dann sagen sie mir zum Beispiel: „Als ich gestern auf den Markt ging, ist plötzlich neben mir jemand erschossen worden." Oder: „In der Soundso-Straße ist eine Autobombe hochgegangen; fast hätte sie mich erwischt." Bis auf einige wenige sind alle Männer in der Gemeinde ums Leben gekommen, und viele der Frauen gehen in Schwarz, aus Trauer um einen lieben Menschen. Im Juli 2007 berichtete ich der „US-Kommission für internationale Religionsfreiheit“, dass „im vergangenen Monat 36 meiner eigenen Gemeindeglieder entführt worden sind. Bis heute ist nur eines von ihnen freigelassen worden“. In den ersten fünf Monaten des Jahres 2008 wurden 89 weitere Gemeindeglieder entführt oder getötet. Meist erfahren wir nicht, warum.

Im Mai 2007, nachdem vier seiner Sicherheitsleute entführt worden waren, kündigte GardaWorld an, dass seine Angestellten in Zukunft die Grüne Zone nicht mehr verlassen würden.

Dr. Mowaffak erwies sich einmal mehr als echter Freund, und heute eskortieren mich mindestens 25 Männer seiner persönlichen irakischen Spezialeinheit, wenn ich zur St. George-Kirche oder zurück fahre. Meine GardaWorld-Leibwächter fahren mich von meinem Wohnwagen zu dem nahe gelegenen Amtssitz von Dr. Mowaffak. Dort ziehe ich schusssichere Kleidung an und nehme in einem gepanzerten Pkw mit geschwärzten Fenstern Platz. Begleitet von Militärfahrzeugen setzen wir uns langsam in Bewegung. Immer wieder halten wir an Kontrollpunkten an. An dem Punkt, wo wir endlich die Grüne Zone verlassen, wartet ein Konvoi aus Polizeiwagen und weiteren Militärfahrzeugen auf uns. Jetzt geben die Fahrer Gas, die Sirenen heulen, aus den Fenstern kommen die Läufe von Maschinenpistolen. Wenn wir auf einen Stau stoßen, werden die übrigen Autofahrer per Lautsprecher aufgefordert, Platz zu machen. Wenn das nicht reicht, wechselt unser ganzer Konvoi, ohne das Tempo zu reduzieren, kurzerhand auf die Gegenfahrbahn. An jeder Kreuzung haben Polizisten den Verkehr gestoppt. Wenn wir an der St. George-Kirche eintreffen, wird dort die Straße abgeriegelt. Soldaten gehen um die Kirche herum in Position, andere gehen hinein, um zu sehen, ob alles in Ordnung ist. Erst danach darf ich das Auto verlassen. Ein bunter Haufen unserer Kinder begrüßt mich. Ich hätte es mir nie träumen lassen, so zur Kirche zu gehen – aber ich hätte auch nie gedacht, dass ich einmal eine Gemeinde bekommen würde, die in Bagdad liegt.

Trotz dieser Probleme war die St. George-Gemeinde im Jahre 2007 quicklebendig. Die Gläubigen saßen nach wie vor auf den weißen Plastikgartenstühlen, die wir nach dem Krieg gekauft hatten, aber die Gottesdienste waren nicht von dieser Welt. Jede Woche verliebte ich mich mehr in diese Kirche und ihre Menschen. Faiz und Nawal waren mitreißend. Am Ende des Jahres war die Gemeinde so gewachsen, dass es zu viele für einen Gottesdienst waren; wir begannen also, zwei Gottesdienste zu halten – einen (der Sitte der Christen im Mittleren Osten folgend) am Samstag und einen am Sonntag (der im Irak ein Werktag ist, aber da die meisten unserer Leute arbeitslos sind, ist das kein Problem). Einmal mehr erwies sich „God TV“ als Helfer in der Not und spendierte uns richtige Bänke für die ganze Kirche. Es sind schöne Bänke, aber inzwischen reichen sie schon nicht mehr für alle Gottesdienstbesucher, sodass wir die Gartenstühle wieder hervorgeholt haben – und trotzdem müssen manche Besucher auf dem Fußboden sitzen oder stehen, während wir einen Gottesdienst feiern, wie ich ihn nie vorher erlebt habe.

Ich werde oft gefragt, wie unsere Gottesdienste so sind, aber das ist schwierig zu sagen. In Großbritannien sagt der Pfarrer der Gemeinde, wie der Gottesdienst auszusehen hat. In Bagdad bestimmt meine Gemeinde den Gottesdienststil, und der ist einfach wunderbar. Er ist eine Mischung aus orthodox, katholisch und charismatisch (was zusammen eigentlich ziemlich anglikanisch ist, wenn ich mir's recht überlege). Wir haben Heiligenbilder in der Kirche, die die Gläubigen beim Hineinkommen küssen, und sie tauchen ihre Hände ins Wasser des Taufbeckens und bekreuzigen sich. Zum Beten steht man, die Hände nach vorne gestreckt, und bei allen möglichen Gelegenheiten verneigt man sich. Die Gottesdienstsprache ist im Wesentlichen Arabisch; die wichtigeren liturgischen Gebete werden auf Aramäisch gesprochen, der Sprache Jesu. Ich kenne beide Sprachen genügend, um die Liturgie zu sprechen; predigen tue ich auf Englisch; nach ein, zwei Sätzen mache ich jeweils eine Pause, damit mein Dolmetscher mich übersetzen kann.

Ich versuche, meine Predigten auf die Kultur und das Leben meiner Hörer abzustellen. Dabei knüpfe ich immer an die neuesten Nachrichten und Ereignisse aus Stadt und Land an. Ich spreche viel über die Heiligen, vor allem die, die meine Gemeindeglieder besonders verehren: Maria, Jona, der „ungläubige" Thomas und Gorgis (St. Georg), der Schutzheilige der Kirche. Die Menschen nehmen ihre persönliche Frömmigkeit und Gottesbeziehung sehr ernst, aber vor Kurzem haben sie mir gesagt, wie viel sie von uns Predigern gelernt haben und wie gut wir ihnen die Bibel erklären, gerade so, als ob dies vor uns noch nie jemand gemacht hätte. Wir haben gerade unseren ersten Alpha-Kurs angefangen (eine Einführung in die Grundlagen des christlichen Glaubens); über 800 Teilnehmer haben sich angemeldet. (Im Palast halte ich solche Kurse für Soldaten und Diplomaten der Koalition seit März 2004.)

Ich spreche auch viel darüber, was die Bibel über den Irak zu sagen hat. Sie nennt ihn „Land Schinar" oder „Mesopotamien" („das Land zwischen den Flüssen", nämlich Euphrat und Tigris) oder auch „Babylonien", nach Babylon, einer seiner größten Städte in der Antike. Ich erzähle meinen Gemeindegliedern, dass in ihrem Land der Garten Eden lag und der Turm zu Babel stand und dass hier Noah seine Arche baute. Ich erkläre ihnen, dass Abraham aus Ur und Isaaks Frau Rebekka aus Nahor kam (wo auch Jakob seine Frauen Lea und Rahel kennenlernte) – beides Städte auf dem Gebiet des heutigen Irak. Und dass Jona als Prophet nach Ninive ging, am Rande des heutigen Mosul, wie später der Apostel Thomas auf seinem Weg nach Indien. Im Irak war Daniel in der Löwengrube, und Schadrach, Meschach und Abed-Nego begegneten im Feuerofen dem Sohn Gottes. Hier was Ester Königin, hier prophezeiten Amos und Hesekiel, hier sah König Belsazar die Schrift an der Wand. Von hier kamen die Weisen aus dem Morgenland. Das einzige Land, das in der Bibel noch häufiger erwähnt wird als der Irak, ist Israel bzw. Kanaan.

Wir haben einen Chor, komplett mit schönen Gewändern, und die Gemeinde singt viel und voller Begeisterung; die Begleitung übernimmt ein E-Piano (die Orgel wurde in grauer Vorzeit gestohlen). Die Dauer unserer Gottesdienste ist nicht festgelegt, außer dass die Besucher vor Einbruch der Dunkelheit wieder zu Hause sein müssen und die Soldaten mich manchmal schnell in Sicherheit bringen, weil es wieder einen Alarm gegeben hat. Viele der Lieder, die wir singen, sind arabische Übersetzungen von bekannten westlichen Kirchenliedern, aber oft hat ihr Inhalt wenig mit der Situation hier in Bagdad zu tun, sodass ich einige neue Lieder geschrieben habe (eines davon finden Sie am Ende dieses Buches).

Ein Gottesdienst, den ich ganz besonders liebe, ist die Erstkommunion der Kinder. Singend und in schönen weißen Gewändern, die die Frauen der „Mothers' Union" für sie genäht haben, ziehen sie in einer langen Prozession in die Kirche ein. Kürzlich liefen zwei der Kinder (das eine war zehn, das andere acht) die Tränen die Wangen hinunter, als sie den Mittelgang entlanggingen. Ich nahm sie beiseite und fragte sie, warum sie weinten. Sie sagten: „Dies ist der wichtigste Tag in unserem Leben, und als wir reingekommen sind, war Jesus bei uns."

Ich beginne unsere Gottesdienste mit dem Satz: „*Allah hu ma'na*" („Gott ist hier"), worauf die Gemeinde antwortet: „*Wa Ruh al-Qudus ma'na aithan*" („Und sein Heiliger Geist ist hier"). So beginnen die meisten anglikanischen Gottesdienste in aller Welt, aber wenn man alles verloren hat (wie meine Gemeindeglieder in Bagdad), merkt man, dass man ja doch noch etwas hat: Jesus. Kürzlich sprach ich zwei Tage lang auf einer kleinen Konferenz für Militärgeistliche der US-Armee im Irak und stellte ihnen dabei einige ihrer Mitchristen aus der St. George-Gemeinde vor. Der Mann, der die Konferenz organisiert hatte, Oberst Dale Marta, schickte anschließend den folgenden Bericht an seinen Bischof:

„Die Begegnung mit Kanonikus White und Gliedern seiner Gemeinde ... war ein tiefes geistliches Erlebnis für mich, das mich zu einem anderen Menschen gemacht hat. Durch den rauschenden Wirbel der Medien und der Politik, der den Irak schüttelt, hörte ich durch diese kostbaren, demütigen Menschen von St. George und ihren Pfarrer das stille, sanfte Sausen Gottes. Ich kann mich nicht länger in der Sicherheit der Höhle verstecken, sondern merke, wie ich durch die St. George-Kirche dranbleiben muss am Irak und seinen Menschen."

Auf dieser Konferenz wollte einer der Geistlichen wissen, was das Besondere an unserer Gemeinde war. Alle gaben die gleiche Antwort: die *Liebe*. Wir *reden* nicht nur über die Liebe, wir *praktizieren* sie. Wir lieben unseren Herrn und Meister, wir lieben einander – und ich liebe meine Leute und sie lieben mich. Ich hätte nie gedacht, dass ich einmal eine Gemeinde so lieben und mich so von ihr geliebt fühlen würde. Wir sind umgeben von Gewalt und den Werkzeugen der Gewalt, aber wenn wir uns zum Gottesdienst treffen, kommen wir zusammen, um anzubeten und zu lieben.

Es wird viel gelacht bei uns (manchmal auf meine Kosten). Und viel geweint.

Tatsache ist, dass wir die größte christliche Gemeinde im Irak sind. Zurzeit wächst sie von Monat zu Monat um hundert Personen und ist jetzt bei 1.800 Gliedern angekommen, darunter 500 Kinder. Außer mir gibt es in St. George eigentlich keine echten Anglikaner, aber für alle ist es „ihre" Gemeinde. Früher gingen sie in chaldäische, assyrische, armenische oder katholische Gemeinden, und die übrigen Priester in Bagdad sind echt sauer auf mich, weil ich eine volle Kirche habe und sie lauter leere. Das tut mir leid, aber ich habe niemanden abgeworben, sondern diese Menschen sind aus eigenem Antrieb in die St. George-Kirche gekommen – entweder weil sie in der Nähe wohnten oder weil sie Gutes über sie gehört hatten. Anfangs sagte ich den Menschen, ich hoffte, wenn die Gewalt aufgehört hätte, würde jeder wieder zurück in seine eigenen Gemeinde gehen, aber wenn das heute jemand erwähnt, heißt es unisono: „Dies ist unsere Kirche, und hier gehen wir nicht mehr weg!“ (Dies ist kein einfaches Thema. Viele der alten irakischen Kirchen fühlen sich durch Neugründungen bedroht. Nach dem Krieg 2003 kamen Scharen ausländischer Missionare ins Land, und heute gibt es in Bagdad zwölf neue evangelikale Gemeinden. Dies ist eine ernste Störung des Status quo. Die Leute wollen gerne Religionsfreiheit, aber bitte nicht zu viel auf einmal!)

Im Juni 2008 besuchte der neue Bischof von Zypern und der Golfregion, Michael Lewis, den Irak. Die Gläubigen waren ganz begeistert, und er wurde wie ein Patriarch begrüßt. Eine seiner Aufgaben war die Eröffnung unserer neuen Poliklinik. Die Entführer im Irak hatten es vor allem auf die höheren Berufsgruppen abgesehen, und inzwischen waren über 80 Prozent der Ärzte in Bagdad entweder tot oder außer Landes geflohen, mit dem Ergebnis, dass es sehr schwierig war, eine medizinische Behandlung zu bekommen. Wir gründeten also mit Geldern der US-Armee eine Poliklinik, in der drei Ärzte und drei Zahnärzte (darunter ein Jude), die alle aus dem Viertel stammen, Patienten kostenlos behandeln. Die Leute kommen heute nicht mehr nur für ihre Seele, sondern auch für ihre Gesundheit in die Kirche. Die meisten unserer Patienten sind keine Christen, geschweige denn Gemeindeglieder, aber sie kommen, weil sie Hilfe brauchen, und wir machen hier keinen Unterschied. Und so gibt unsere Kirche den Menschen nicht nur eine Gelegenheit, den Allmächtigen anzubeten, sondern kümmert sich auch um ihre ganz praktischen Bedürfnisse. Die eine Woche geben wir den Menschen Lebensmittel, die nächste Geld. Der Skeptiker mag hier einwenden, dass *das* also der Grund dafür ist, dass unsere Gemeinde so groß ist. Ich habe mir diese Frage auch gestellt, aber unsere Leute sagen mir: „Selbst wenn ihr uns nichts geben würdet, würden wir trotzdem kommen, wegen der Liebe."

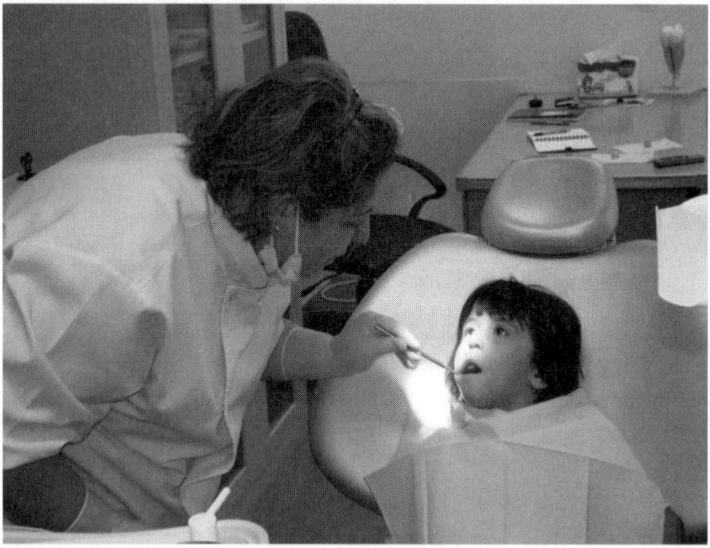

Der erste Patient in der neuen Zahnklinik in der St. George-Gemeinde. Der amerikanische Kommandant vor Ort fand, dass er eine so gut eingerichtete Klinik im ganzen Irak noch nicht gesehen habe.

Ich kann nicht behaupten, dass wir nie Probleme in unserer Gemeinde haben, aber das sind immer nur Kleinigkeiten. Unter den Teenagern zum Beispiel gibt es viel Eifersucht darüber, wen ich am meisten mag. Wenn ich einen von ihnen anrufen würde, aber nicht den und den anderen, hieße es bald, dass Soundso der Liebling von *Abuna* ist (so werden die Pfarrer in einigen orthodoxen Kirchen des Nahen und Mittleren Ostens genannt; d. Übers.). Heute, wo ich diese Zeilen schreibe, habe ich gerade einen Anruf von einer unserer jungen Damen bekommen, die mir aufgeregt sagte, dass ihre Freundin mich „Papa" nennen möchte und dass ich ihr das nicht erlauben solle. Ich erklärte ihr, dass wir alle ohne Unterschied lieben sollen. Ich glaube, allmählich begreifen meine Leute das.

Im Sommer 2008 konnten sechs der jungen Leute von St. George mit mir nach Großbritannien fliegen. Drei kamen in meinem Haus in Hampshire unter, die drei anderen im Haus von guten Freunden, Robert und Tanya, die einen Swimmingpool, Tennisplatz, Teich und eine Reihe Oldtimer-Autos haben. Es war ein wunderbarer Aufenthalt. In Oxfordshire konnten die jungen Leute mit der Frau des derzeitigen britischen Botschafters im Irak zu Mittag essen. Sie waren sogar zwei Tage im britischen Oberhaus, als Gäste von Lord Hylton (dem Vorsitzenden der FRRME), Lord Carey (unserem Schirmherrn) und Baroness Amos (deren Vater mir in meinem Theologiestudium so viel bedeutet hatte).

Als die jungen Leute mit mir nach Bagdad zurückkehrten, sagte einer von ihnen zu mir: „Sie haben uns den Himmel gezeigt. Jetzt sind wir wieder in der Hölle." Ich antwortete ihm, dass der Irak eines Tages wieder der Himmel sein wird. Schließlich lag der Garten Eden in Mesopotamien. Das Land war einst das Paradies, und ich glaube, es wird wieder das Paradies werden.

Anfang 2008 beklagten sich einige meiner Freunde, dass die Freundesbriefe, die ich ihnen schickte, immer nur von der St. George-Kirche handelten. Das stimmte, aber der Grund war, dass diese Kirche damals das Einzige war, was mir Mut und Hoffnung machte. Für mich ist sie ganz einfach die beste Gemeinde in der Welt. Ich liebe alle meine Leute dort, und obwohl Bagdad die gefährlichste Stadt der Welt ist, möchte ich es mit keiner anderen Stadt tauschen. Ich muss wieder an meine erste Predigt dort nach dem Krieg denken, über Haggai 2,9: „Es soll die Herrlichkeit dieses neuen Hauses größer werden, als die des ersten gewesen ist … und ich will Frieden geben an dieser Stätte." Ich wusste damals nicht, wie diese Verheißung sich in dieser Kirche erfüllen würde, aber wenn ich heute über den Vers nachdenke, sehe ich, wie die St. George-Kirche voll von der Herrlichkeit Gottes und inmitten all des Terrors und der Gewalt ein Ort tiefsten Friedens ist.

Sechs junge Leute aus St. George besuchen 2008 den Himmel, das heißt die Kathedrale von Coventry. Neben Samir, mir und meinem Sohn Jacob stehen (v.l.n.r.) Osama, David, Sally (mit einer Nachbildung des Nagelkreuzes), Lina, Fulla und Mabel.

8
Was mich durchhalten lässt

Pfarrer in den Schaltzentralen der Macht sein – das klingt richtig gut. Nun, ich bin die meiste Zeit an Orten, die wesentlich weniger angenehm sind. Ich bin geschlagen, mit vorgehaltener Pistole bedroht und stundenlang in Rattenkeller gesperrt worden, um nur ein paar Beispiele zu nennen. Einmal wurde ich sogar in einem Raum festgehalten, dessen Fußboden buchstäblich von abgeschnittenen Fingern und Zehen übersät war. Ich wusste nicht, ob ich als Nächster so verstümmelt werden würde; ich wurde es dann nicht.

Dazu kommt meine schlechter werdende Gesundheit; ich fühle mich ständig schwach und nervös, mein Gleichgewicht wird immer schlechter, und es kommt vor, dass meine Stimme verwaschen klingt und ich nicht richtig sehen kann. Viele finden, dass ich wegen meiner Krankheit aufs Abstellgleis gehöre, und fast jeden Tag werde ich gefragt, wie ich es schaffe, weiterzumachen.

Ich weiß noch, wie ich vor nicht allzu langer Zeit über meinen Job nachdachte. Da saß ich in der Grünen Zone und wartete auf den Militärhubschrauber, der mich abholen sollte. In diesen Dingern bekommt man keine Sicherheitsinstruktionen, die Türen sind während des Fluges weit geöffnet, und in den Türöffnungen hocken Soldaten, die Waffen schussbereit nach unten gerichtet. Meistens wird man vom Boden aus beschossen, woran man sich erst einmal gewöhnen muss.

Ich dachte an die Tage, wo ich mit dem Fahrrad durch meine alte Gemeinde in London gefahren war; hier in Bagdad kam mir selbst die Verkehrshölle einer englischen Durchgangsstraße wie eine Idylle vor. Ich dachte daran, was ich im Theologiestudium gelernt hatte. Meine Professoren hatten mir nicht beigebracht, wie man eine *Fatwa* für islamische Geistliche schrieb (islamisches Rechtsgutachten; d. Übers.) oder über die Freilassung von Geiseln verhandelte, aber sie hatten mir Theologie beigebracht und mir die Werkzeuge in die Hand gegeben, um die Bibel zu verstehen.

Ich zog meine Bibel hervor, und plötzlich fiel mir auf, dass ja auch sie anders aussah. Sie war nicht in schönes schwarzes Leder gebunden und hatte keinen Goldschnitt, sondern der Einband war khakifarben, und auf dem Deckel stand: „3rd Squadron of the 7th Cavalry Regiment." Es war eine amerikanische Militärbibel. Aber in ihr standen die gleichen Worte, die mich jeden Tag neu durchtragen. Ich schlug den 62. Psalm auf und las den dritten Vers: „Denn er ist mein Fels, meine Hilfe, mein Schutz, dass ich gewiss nicht fallen werde" (revidierte Lutherbibel). Jawohl, ich bin von Nöten und Problemen umgeben, aber mein Gott, der Gott Abrahams, Isaaks und Jakobs, ändert sich nicht; er ist und bleibt mein Fels und hält mich auch dann fest, wenn sich alles gegen mich zu wenden scheint.

Dies ist eigentlich das Wichtigste in meiner Arbeit: Dass alles, was ich tue, vom lebendigen Gott getragen wird. Heute steht das Wort „Religion" in der Kirche nicht hoch im Kurs, und ich stimme mit vielem, was zu diesem Thema gesagt worden ist, überein, aber ich glaube, dass in der lateinischen Wurzel des Wortes „Religion" – *ligare* – eine tiefe Wahrheit steckt. *Ligare* heißt „binden", und ich bin als Christ an meinen Gott gebunden, wie er sich in Jesus Christus geoffenbart hat, der mein Meister und mein Messias ist. Ich verlasse mich in meiner Arbeit voll und ganz auf ihn; ohne ihn könnte ich sie nicht tun. Die Diskussionen und Predigten über die Gefahren des „religiösen Geistes" sind schön und gut, aber hier in diesem Inferno der Gewalt und der Konflikte ist das nicht unser Problem. Unsere Aufgabe ist es, die Arbeit des Reiches Gottes zu tun, damit seine Herrschaft auf diese Erde kommt. Je mehr man von Gewalt und Blutvergießen umgeben ist, umso mehr muss man auf die Liebe Gottes und die Leitung seines Heiligen Geistes setzen. Je mehr ich mein eigenes Unvermögen erkenne, desto mehr erkenne ich, dass ich nichts tun kann, wenn ich nicht mein Vertrauen und meine Hoffnung ganz schlicht auf Gott setze.

Mit dem berühmten britisch-somalischen Reporter Rageh Omar vor der Tür meiner Wohnung in der „Grünen Zone". Anfang 2008 brachte er für ITV einen einstündigen Dokumentarfilm über mich, mit dem Titel The Vicar of Baghdad.

Das Folgende ist ein Auszug aus einem Bericht an meine Freunde über einen Sonntag, den ich kürzlich in Bagdad erlebte. Er gibt einen tiefen Einblick in meine Arbeit im Irak – und in das Herz Gottes, der unser Fels und unser Heil ist:

„Kennt ihr auch Tage, wo ihr wisst, dass die Herrlichkeit Gottes kommen wird? Nun, heute war einer dieser Tage. Am

Samstagabend sagte ich meinem Sicherheitsteam: ‚Morgen ist ein Tag Gottes, kein politischer Tag.' ‚Yes, Sir', kam die Antwort.

Früh am Morgen fuhren wir zur Residenz des Ministerpräsidenten. Nicht für die Politik, sondern für Gott. Es heißt, dass es derzeit viel zu gefährlich für mich ist, zur St. George-Kirche zu fahren, und so hielten wir den Gottesdienst auf Einladung des Ministerpräsidenten in dessen Vortragssaal ab. Es dauerte über zwei Stunden, bis die ganze Gemeinde drinnen war, wegen der Sicherheitsvorkehrungen …

Als Predigttext wählte ich drei Worte aus dem ersten Johannesbrief: ‚Gott ist Liebe.' Wir erlebten einen wunderbaren Gottesdienst mit tollen Liedern, einer guten Predigt und vielen Tränen … Es war überdeutlich, dass es allein die Liebe Jesu ist, die diese wunderbaren Leute in dieser schweren Zeit aufrecht hält …

Dann feierten wir das heilige Abendmahl, und als wir das Brot brachen, kam die Herrlichkeit Gottes. Ich kann nicht erklären, was da genau geschah oder warum, aber unser Herr war mit seiner Macht gegenwärtig. Nach dem Abendmahl tauften wir ein kleines Mädchen, das Alexandria hieß und ganze 17 Tage alt war, und wieder war die Freude groß – die Freude, dass Gott dieses kleine Mädchen und uns liebte.

Von der Residenz des Ministerpräsidenten raste unser Konvoi weiter zum Palast, wo ich den nächsten Gottesdienst zu halten hatte. Als wir den Palast erreichten, kamen wir unter Granatfeuer. Die Soldaten befahlen uns, in Deckung zu gehen, und die nächste Viertelstunde wurde niemand in den Palast gelassen. Mir war das gerade recht, denn ich hatte Verspätung …

Hier im Palast, in der US-Kapelle, halte ich gerade eine Predigtserie über Menschen in der Bibel, die im Irak lebten. Heute war Hesekiel dran. Ich sprach von der Herrlichkeit Gottes, die er sehen durfte, und von der Herrlichkeit, die ich selber hier im Irak gesehen habe, eine Herrlichkeit wie nirgendwo anders. Ich forderte meine Zuhörer auf, mit Gottes Herrlichkeit zu rechnen.

Dann las ich ihnen Auszüge aus einer kürzlichen E-Mail aus der ,All Nations Church' in Charlotte (North Carolina, USA) vor. Die Gottesdienstbesucher merkten: Wenn diese jungen Leute die Herrlichkeit Gottes erleben konnten, konnten sie das auch.

Während wir das heilige Abendmahl feierten, kam die Herrlichkeit Gottes wieder herab. Als ich vom Altar zu den Gläubigen hinschaute, sah ich, wie Offiziere mit ihren Waffen neben sich weinten. Große Männer mit großen Tränen.

Nach dem Gottesdienst kamen sie einer nach dem anderen zu mir, um mir zu sagen, dass sie Gottes Herrlichkeit gesehen hatten. Sie blieben. Wir aßen gemeinsam zu Mittag und unterhielten uns weiter über Gottes Herrlichkeit …

Abends fand der nächste Alphakurs statt, zum Thema: ,Wie kann ich Gewissheit im Glauben haben?' Ich sprach über 2. Korinther 5. Wieder las ich aus der E-Mail der Mädchen von der ,All Nations Church' vor, als Beispiel dafür, wie man Gottes Liebe erleben kann. Wieder war es eine Gemeinschaft, in der Gottes Gegenwart förmlich spürbar war. Buchstäblich alle sagten sie, dass es ein unglaublicher Abend gewesen war …

Das also war ein Sonntag in Bagdad, ein Tag, an dem Gottes Herrlichkeit neu durchbrach. Ich weiß jetzt mehr als je zuvor, dass alle Dinge in Gottes Hand liegen und dass er die Entscheidungen trifft. Er ist wahrlich unser Fels und unser Heil. Als ich mich heute Abend von meinem Sicherheitsteam verabschiedete, sagten die Männer: ,Heute war es ganz anders. Es ist etwas mit uns geschehen!'

Wenn wir Gott begegnen, sehen wir nicht nur seine Herrlichkeit, wir sehen auch, dass er fest und unveränderlich ist und alles erhält. Ohne ihn gibt es keine Hoffnung und keine Zukunft … Das ist mein Gott, das ist mein Fels, der mich fä-

hig macht, das Werk des Allmächtigen weiter zu tun, komme, was will. Alles kann sich ändern, aber mein Gott ist derselbe, gestern, heute und in Ewigkeit. Ich sage es noch einmal: Er ist mein Fels, meine Hilfe, mein Heil und meine Burg in aller Not."

Manchmal werde ich gefragt, warum ich so viel Zeit an Orten wie dem Gazastreifen oder Bagdad verbringe. Die Antwort ist: Weil Gott mich dorthin gesandt hat. Deswegen habe ich eigentlich nie Angst. Manche behaupten, gerade diese Tatsache, dass ich keine Angst habe, bringe mein Leben so in Gefahr. Aber der Grund dafür, dass ich keine Angst habe, ist mein unkompliziertes, fast schon kindliches Gottvertrauen. Jeden Abend beginne ich mein Nachtgebet so, wie ich es schon als kleiner Junge tat. Vielleicht ist das der Grund dafür, dass ich Kinder so gern habe. In ihren Gesichtern können wir das Antlitz Jesu auf eine ganz schlichte, gesunde Art sehen.

Je länger ich meine Arbeit im Irak tat, je länger ich mit der Realität von Tod und Zerstörung kämpfte, umso mehr musste ich mein Vertrauen ganz einfach auf meinen Herrn und Gott setzen. Mein Glaube ist dabei gewachsen, und ich erlebe meine geistlichen Höhepunkte nicht mehr nur dann, wenn ich in einem besonders schönen Gottesdienst bin. Heute kann ich die Herrlichkeit Gottes überall dort wahrnehmen, wo ich bin, wenn ich mein Herz nur offenhalte. Jeden Tag neu bitte ich Gott, auf meiner schwierigen Reise mit mir zu kommen, und jeden Tag erlebe ich das Wirken seiner Herrlichkeit. Außer der Freundschaft und Hilfe meiner Kollegen ist es vor allem dies, was mich trägt.

Viele staunen, wenn ich ihnen sage, dass meine engsten Mitarbeiter gar keine Christen sind. Der eine, Rabbiner Michael Melchior, ist ein Jude, der andere, Dr. Mowaffak al-Rubaie, ein Muslim. Beide sind ebenso große Politiker wie Männer großen Glaubens. Für mich sind sie ein richtiges Gottesgeschenk. Wenn ich dies in der Öffentlichkeit sage, reagieren die Menschen oft nicht nur erstaunt, sondern empört. Sie fragen mich, wie es sein kann, dass meine engsten Verbündeten eine andere Religion haben. Ich muss ihnen dann klarmachen, dass der Gott, dem ich diene, ja selbst kein Christ ist. Er ist der Gott Abrahams, Isaaks und Jakobs. Und manche Menschen, die Rabbiner Melchior und Dr. Mowaffak begegnet sind, haben mir gesagt, dass auch sie in den beiden Gott gesehen haben. Meine Zuhörer sind oft sehr erstaunt, aber mein Gott ist nun einmal der Gott der Überraschungen.

Die Tatsache, dass ich überwiegend mit Menschen aus anderen Religionen zusammenarbeite, bedeutet jedoch nicht, dass mein eigener Glaube verwässert worden wäre! Im Gegenteil: Er ist heute stärker als je zuvor. Ich danke meinem Gott, dass ich nie Zweifel an ihm gehabt habe. Er ist für mich wirklich „derselbe gestern, heute und in Ewigkeit". Wie schlimm die Lage auch ist – Jesus, mein Herr, ist da. Inmitten des schlimmsten Chaos habe ich ihn erlebt, im Irak, im Gazastreifen oder in Bethlehem während der Belagerung der Geburtskirche. Ich habe auch dort seine Herrlichkeit gesehen – dieselbe Herrlichkeit, die ich in den Gottesdiensten in St. Mark's in London erlebte, in der „All Nations Church" in Charlotte und im Leben und Wirken von Schwester Ruth Heflin in Jerusalem. Ich habe den Himmel offen gesehen und den Saum der Majestät, Macht und Liebe Gottes erblickt.

Wenn das Leben voller Verzweiflung ist, ist das Einzige, was mich trägt, die Herrlichkeit Gottes. Es gibt Tage, wo alles schiefgeht, wo Freunde und Kollegen ums Leben kommen und alle Hoffnung ausgelöscht scheint. Gerade in solchen Stunden bitte ich Gott, mir seine Herrlichkeit zu zeigen. Und er tut es, immer, auch wenn ich es manchmal nicht sofort sehen kann. Ich habe Gottes Herrlichkeit als gewaltige Wolke über Bagdad gesehen und einmal (das werde ich nie vergessen) an einem Ostermorgen, als wir im Gottesdienst von der Auferstehung sangen und draußen die Vögel sangen und die Bomben explodierten.

Gott ist gegenwärtig, sein Geist ist bei uns! Wenn man in der Herrlichkeit Gottes ist, geschehen Wunder und man wird frei von den Begrenzungen des menschlichen Lebens. Und so bitte ich Gott auch dann, wenn ich mit den Mächtigen im Pentagon, im amerikanischen Kongress oder im britischen Parlament zusammenkomme, mir seine Herrlichkeit zu zeigen, und ich habe sie auch dort erlebt.

Und wenn die Macht und die Herrlichkeit sich treffen, dann werden die Dinge anders. Aus diesem Grund sage ich, dass es in meiner Arbeit um die Macht und die Herrlichkeit geht – die Macht derer, die diese Welt regieren, und die Herrlichkeit Gottes, der das ganze Universum regiert. Zu lange haben die Menschen versucht, die beiden Dinge auseinanderzuhalten, aber Gott wirkt in Zeit und Raum, und wir müssen sie zusammenhalten.

Wenn ich in meinem kleinen Wohnwagen in Bagdad sitze oder zum nächsten Termin gefahren werde, ist es nicht leicht, in dem, was in der großen weiten Welt passiert, auf dem Laufenden zu bleiben. Ich werde oft nach meiner Meinung zur Globalisierung, dem Klimawandel oder dem Aufstieg Chinas gefragt. Ehrlich gesagt: Ich kann Ihnen über diese Themen nichts sagen, ich habe keine Zeit, groß über sie nachzudenken. Für mich sind das lauter Dinge für Menschen, die in Frieden und Behaglichkeit leben. Die Fragen, die mich beschäftigen, sind sehr viel dringender: Wann kommt die nächste Rakete? Bin ich fit genug, nach draußen in den Bunker zu rennen, wenn der Beschuss wieder losgeht? Haben wir genügend Mittel fürs Lösegeld, falls ich entführt werden sollte? Haben wir genügend Geld, um diesen Monat die Gemeindeglieder von St. George mit Lebensmitteln zu versorgen?

Den nächsten Tag überstehen – das ist unsere immer wieder

neue Aufgabe. Ich kann ehrlich sagen, dass ich noch nie Angst um mich selber hatte, aber ich sorge mich um meine Gemeinde. Und um Freunde wie Dr. Mowaffak.

Wenn die Sorgen kommen, halte ich inne und trete vor Gott, und es zieht mich wieder zu den Worten am Ende von Jesaja 19:

> „In dieser Zeit wird eine Straße von Ägypten nach Assyrien führen. Die Assyrer und Ägypter besuchen einander und dienen gemeinsam dem Herrn. Israel ist dann der Dritte im Bunde, ein Segen für die ganze Erde. Der Herr, der allmächtige Gott, wird sich diesen Völkern zuwenden und sagen: ‚Ich segne euch Ägypter, ihr seid mein Volk! Ich segne auch euch Assyrer; ich habe euch geschaffen. Und ich segne euch Israeliten; ihr gehört zu mir'" (Jesaja 19,23-25).

Ägypten, Assyrien – also der Irak – und Israel sind alles Länder, in denen ich arbeite, und ich spüre tief drinnen, wie inmitten all der Konflikte Gott da ist und sein Geist mit uns ist. Meine ganze Hoffnung für diese kaputte Welt liegt in Gott. Und es ist eine gewaltige Hoffnung, eine Hoffnung, die ich in der Bibel finde, aber auch in christlichen Liedern. Für mich haben im Nahen und Mittleren Osten vor allem vier Lieder eine tiefe Bedeutung bekommen. Jeden Tag höre ich sie mir an, und jeden Tag sinne ich über ihren Text nach. Jedes Lied hat seine eigene Geschichte.

Weil Er lebt

Es war der Gründonnerstag 2005. Ich sollte in einem Ostermorgengottesdienst predigen, der neben Saddams ehemaligem Swimmingpool in Bagdad stattfand, und suchte krampfhaft nach einem passenden Text. Bevor ich ins Bett ging, bat ich

Gott, zu mir zu sprechen und mir zu zeigen, was ich sagen sollte. Mitten in der Nacht wurde ich wach, von einem Lied, das mir durch den Kopf ging. Ich hatte es nicht mehr gesungen, seit ich als Kind in der Sonntagsschule war, wie der Kindergottesdienst bei uns heißt. Hier ist der Text in einer sinngemäßen Übersetzung:

„Er kam zu uns, und er hieß Jesus,
er liebte, heilte und vergab,
am Kreuz starb er, mich zu erlösen.
Das Grab ist leer und zeigt, dass mein Erlöser lebt.

Weil Er lebt, kann ich morgen leben,
weil Er lebt, hab ich keine Angst.
Ich weiß: Er ist der Herr der Zukunft,
und weil Er lebt, hat auch mein Leben einen Sinn.

Wie schön, ein Kind im Arm zu halten,
die Freude zu spüren, die es gibt.
Doch schöner noch, darum zu wissen:
Was auch geschieht, du Kleines, dein Erlöser lebt.

Und wenn in meiner letzten Stunde
ich kämpfe mich durch Todes Flut,
dann sehe ich den Thron des Heilands
und seine Herrlichkeit, und dann wird alles gut."
(Gloria und William Gaither, 1971)

Kein Zweifel: Das sollte ich predigen! Es waren schwere Zeiten, und die Zukunft sah schwarz aus. Jeder fragte sich, was wir überhaupt im Irak wollten. Nun, wir sangen dieses Lied, und die letzte Strophe sprach viele von uns so tief an, dass wir neue Hoffnung bekamen. Sie konfrontierte mich und andere auch mit einer apokalyptischen Frage: War dies vielleicht schon das Ende der Welt, die Todesflut, der letzte Kampf? Und wenn ja, würden wir dann auch die Herrlichkeit des Heilands sehen?

Ein paar Wochen danach besuchte ich gerade das „Wheaton College“ bei Chicago, als mein Handy klingelte. Es war eine Frau, die ich nicht kannte; sie erzählte mir, dass sie Gloria hieß und dieses Lied geschrieben hatte. Es war eine wahrlich wunderbare Begegnung. Bald darauf besuchte ich sie und ihren Mann, Bill Gaither. Ich hörte die Geschichte, die hinter diesem Lied stand, über den neugeborenen Sohn des Paares und das Leid, das Gloria damals durchgemacht hatte. Ihre Worte gaben uns 34 Jahre später an einem Osterfest in Bagdad neue Hoffnung.

Gott sorgt für dich, sein Kind

Das zweite Lied begegnete mir erst Ende 2007. Wir hatten damals für die Gottesdienste in der US-Kapelle keinen Klavierspieler, und so begleitete eine Soldatin die Gemeinde auf der Flöte und suchte auch die Lieder aus. Als wir ans Ende des Gottesdienstes kamen, trieb das Lied, das sie gewählt hatte, mir die Tränen in die Augen (hier in sinngemäßer Übersetzung; d. Übers.). Auch dieses Lied hatte ich seit meiner Kindheit nicht mehr gesungen, und wieder war es gerade eine schwere Zeit: Die Grüne Zone wurde mit Raketen beschossen, und obwohl die „Neue Strategie“ bereits voll im Gang war, sah die Lage gar nicht gut aus. Unsere einzige Hoffnung war, dass Gott trotz allem für uns sorgen würde.

> „Sei nicht verzagt, was auch geschieht,
> Gott sorgt für dich, sein Kind;
> sein liebend Auge auf dich sieht,
> Gott sorgt für dich, sein Kind.

Gott sorgt für dich, sein Kind,
freundlich und treu: Jeden Tag neu
sorgt er für dich, sein Kind,
sorgt er für dich, sein Kind.

Wenn dir im Leid der Mut entsinkt,
Gott sorgt für dich, sein Kind;
wenn dich Gefahr und Not umringt,
Gott sorgt für dich, sein Kind."
(Civilla D. Martin, 1904)

Keine Frage: Das waren wir! Jede Woche sage ich meinen Leuten in der St. George-Gemeinde, ich könne ihnen nicht garantieren, dass sie – oder ich – am nächsten Tag noch am Leben sind. Aber dafür kann ich ihnen etwas anderes garantieren: Dass wir uns einmal im Himmel alle wiedersehen werden und dass wir Jesus sehen und wie er sein werden. Weiter heißt es im Lied:

„Was du bedarfst, das gibt er dir,
Gott sorgt für dich, sein Kind;
komm nur im Glauben für und für,
Gott sorgt für dich, sein Kind.

Ob auch die Prüfung lange währt,
Gott sorgt für dich, sein Kind;
bald nimmt er dir, was dich beschwert,
Gott sorgt für dich, sein Kind."

Niemals allein

Im Mai 2008 kam die Grüne Zone täglich mindestens 40-mal unter Raketenbeschuss. Das hatte seine lustige Seite, denn jedes Mal, wenn eine Rakete einschlug, riefen mich Gemeindeglieder von St. George an, um zu hören, wie es mir ging. An einem Abend predigte ich im Gottesdienst im Palast, als die Sirenen losheulten. Wir sangen gerade ein Lied, das ich noch nie gehört hatte. Außer Samir und mir gingen alle auf dem Fußboden in Deckung – auch der Pianist, aber er spielte tapfer weiter, und so sangen wir (sinngemäß übersetzt):

„Ich hab den Blitz gesehen,
den Donnerschlag gehört,
gespürt der Sünde Brandung,
die mich in Not geführt.
Ich hab meinen Heiland vernommen:
‚Kämpf weiter, denn du bist mein!
Niemals will ich dich verlassen,
ich lasse dich niemals allein!'

Nein, niemals allein, nein, niemals allein!
Niemals wird er mich verlassen,
denn ich bin doch immer sein!
Nein, niemals allein, nein, niemals allein!
Niemals wird er mich verlassen,
er lässt mich niemals allein!

Wenn Stürme um mich toben,
Versuchung um mich weht,
darf ich im Herzen wissen:
Mein Heiland bei mir steht,
mein Schutzschild in allen Gefahren,
der's stets gut mit mir meint.
Niemals wird er mich verlassen,
er lässt mich niemals allein!

Wenn in dem finstern Tale
die Not wird immer mehr,

mein Heiland hilft mir tragen
das Kreuz, wenn's noch so schwer.
Wenn einsam und verlassen
mein Herze zu ihm weint,
gibt er mir seine Verheißung:
,Ich lasse dich niemals allein!'

Er starb für mich am Kreuze,
vergoss für mich sein Blut,
schenkt mir den Strom der Gnade,
macht alles, alles gut.
Er wartet auf mich im Himmel,
einst werd ich bei ihm sein.
Niemals wird er mich verlassen,
er lässt mich niemals allein!"
(Ludie D. Pickett, 1897)

Heftige „Stürme" tobten in Bagdad, und die Gefahr war nur zu real, aber wir vertrauten einem Gott, der uns nie verlassen und immer bei uns sein würde. Es ist wahr: Wir sind niemals allein.

So wie ich bin

Das letzte der vier Lieder, die mir besonders viel bedeuten, ist das Lied, das ich am besten kenne[4]:

„So wie ich bin, ohn alle Zier
komm ich, Herr, durch dein Blut zu Dir;
Du rufst mir von des Kreuzes Stamm;
so komme ich, o Gotteslamm!"

Ich habe es so oft gesungen, aber hier im Irak bedeutet es mir viel mehr als früher. Einer meiner engsten Freunde ist der

Evangelist J. John. Wir unternehmen oft etwas gemeinsam, und er ist der einzige Freund im Ausland, der mich sogar in Bagdad anruft. Ich bekomme seine E-Mail-Freundesbriefe jeden Montag, und in einem von ihnen schrieb er über Charlotte Elliott, die Dichterin dieses Liedes, und wie sie zu einem lebendigen Glauben kam. Erstaunt las ich, dass sie aus der Ecke in Südlondon stammte, wo ich früher Pfarrer gewesen war. Und noch mehr staunte ich, als dieses Lied am folgenden Sonntag das Schlusslied unseres Gottesdienstes im Palast war:

„So wie ich bin, so arm und blind,
am Guten leer und voll von Sünd,
bedrückt von Reu und tiefer Scham:
So komme ich, o Gotteslamm!

So wie ich bin, nimmst Du mich an,
willst mich verlornes Kind empfahn,
vergibst die Schuld, stillst meinen Gram:
So komme ich, o Gotteslamm!

So wie ich bin – Herr, Deine Lieb,
die Dich für uns ans Fluchholz trieb,
verstieß noch keinen, der da kam:
So komme ich, o Gotteslamm!

So wie ich bin, so fass ich Mut
und komme auf des Lammes Blut,
das meine Sünden auf sich nahm:
So komme ich, o Gotteslamm!

So wie ich bin, Herr, bin ich Dein;
dein Lieben rettet mich allein
aus Seelennot und Sündenschlamm:
So komme ich, o Gotteslamm!

So wie ich bin, hast Du mich nun.
In deinen Wunden will ich ruhn,
im Frieden unterm Kreuzesstamm:
So komme ich, o Gotteslamm!“
(Charlotte Elliott, 1835)

Der englische Originaltext dieses Liedes spricht in der dritten Strophe von den Nöten, die auf uns einstürmen, und den Zweifeln, die uns plagen. Es ist diese Strophe, die mich am tiefsten anspricht – auch wenn ich mein Quantum an Nöten erfahren habe, aber keinen Zweifel. Ich habe nie auch nur für einen Augenblick an der Macht und Liebe meines Gottes gezweifelt. Ich weiß, dass das nicht normal ist, aber vielleicht hat Gott mich deswegen in den Irak geschickt. Einen Großteil meiner Zeit verbringe ich damit, mich mit den Mächtigen dieser Welt zu treffen, und gehe von einem tiefschürfenden Gespräch zum nächsten, aber mein Gottvertrauen ist ganz schlicht und kindlich.

O Herr, sei du mein Fels und Hort!

Lassen Sie mich dieses Buch mit einem fünften Lied beenden, das ich selbst gedichtet habe, als ich dieses Kapitel schrieb (sinngemäße Übersetzung). Man kann es zu der gleichen Melodie singen wie „So wie ich bin“. Es fasst meine Erlebnisse im Irak zusammen:

„O Herr, sei du mein Fels und Hort!

Ich gehe in die Dunkelheit
und sehne mich nach deinem Licht,
nach Frieden, wie nur du ihn gibst.
O Herr, sei du mein Fels und Hort!

Ich liebe dich mit aller Kraft,
auch wenn Krieg und Gewalt ich seh.
Ich weiß, dein Friede, er ist da.
O Herr, sei du mein Fels und Hort!

Geschosse schlagen um mich ein.
Wie ich mich sehne, Gott, nach dir
und dass dein Friede endlich kommt.
O Herr, sei du mein Fels und Hort!

In jedem Lebensaugenblick
weiß ich: dein Friede ist mir nah,
auch wenn der Feind noch so sehr tobt.
O Herr, sei du mein Fels und Hort!

Ich sehe deine Herrlichkeit.
Die Finsternis flieht auf dein Wort.
Dein Licht macht alle Wunden heil.
O Herr, sei du mein Fels und Hort!"

In diesem Geist kämpfe ich weiter für den Frieden im Nahen Osten – so lange, bis mein Herr mir befiehlt aufzuhören.

Anmerkungen

1 Ich war nicht überrascht, als viele Jahre später seine Tochter die Sprecherin des britischen Oberhauses wurde – einer der beiden Kammern des Parlaments. Als mir im November 2007 in London ein Friedenspreis verliehen wurde – der „Pursuer of Peace Award" des „Woolf Institute of Abrahamic Faiths", das sich dem Dialog zwischen Christen, Juden und Muslimen widmet, war es zu meiner großen Freude Baroness Amos, die mir den Preis überreichte, in Gegenwart ihres Vaters.

2 Von den fünf christlichen Delegierten waren Patriarch Sabbah, Bischof Riah und der melchitische Erzbischof von Galiläa, Boutros Mu'alem, Palästinenser mit israelischer Staatsbürgerschaft. Erzbischof Aristichos, der den griechischen Patriarchen vertrat, war ein griechischer Zyprer, der seit über 40 Jahren in Jerusalem lebte. Der mittlerweile verstorbene Erzbischof Chinchinian, der für den armenischen Patriarchen sprach, war ein Syrer, der in Ägypten lebte.

3 Neben Rabbiner Melchior waren die folgenden jüdischen Delegierten anwesend: Eliyahu Bakshi-Doron (der Oberrabbiner der Sepharden), David Rosen (ehemaliger Oberrabbiner von Irland; inzwischen der Vorsitzende der interreligiösen Abteilung des „American Jewish Committee"), Menachem Froman (der orthodoxe Rabbiner der Siedlung Tekoa im Westjordanland und Pionier des interreligiösen Dialogs mit führenden Köpfen der PLO und der Hamas) sowie zwei einflussreiche Mitglieder des Obersten Rabbinerrats, David Brodman und Yitzak Ralbag.

4 Aus: Gemeinschaftsliederbuch, Hänssler-Verlag, Neuhausen-Stuttgart, 5. Aufl. 1957, Nr. 262

Anhang

Personen- und Sachregister

Adams, Geoffrey: Generalkonsul am britischen Konsulat in Jerusalem.

Aita, Mitri Abu: Palästinensischer Minister für Tourismus.

al-Ani, Scheich Dr. Abdel Qadir: Der irakische Hauptsprecher von *Scheich Dr. al-Kubaisi*, bis er 2004 nach Jordanien fliehen musste, nachdem man ihn als Verräter bezeichnet und einen Bombenanschlag auf sein Haus verübt hatte. Ein wichtiger früher Verbündeter.

Alfatlawi, Fadel: Ein Mitglied meines Teams in Bagdad direkt nach dem Krieg; ich lernte ihn im Exil in Coventry kennen. Wurde 2004 Nachfolger von *Georges Sada* als Generalsekretär des „Irakischen Friedensinstituts", musste aber Ende 2005 nach Jordanien flüchten, als der Preis zu hoch wurde, der auf seinen Kopf gesetzt war.

al-Jaafari, Ibrahim: Ministerpräsident des Irak 2003-2004; Arzt und Vorsitzender der Daawa-Partei.

al-Khoi, Ayatollah Abdelmadschid: schiitischer Geistlicher und Freund. Kurz nach seiner Rückkehr aus dem Exil in den Irak 2003 in der heiligen Stadt Nadschaf ermordet.

al-Kubaisi, Scheich Dr. Ahmed: Der ranghöchste unter den irakischen Sunniten. Er wohnt in Dubai, wohin er vor vielen Jahren nach einem Konflikt mit Saddam Hussein floh, übt aber im Irak über seine Fernsehpredigten großen Einfluss aus. Er stieß 2007 in Kairo zu uns und war einer der vier Verfasser der sunnitisch-schiitischen Anti-Gewalt-Fatwa von 2008.

All Nations Church („Kirche aller Völker"): evangelische Gemeinde in Charlotte/North Carolina, USA, die meine Arbeit unterstützt.

al-Maliki, Nuri: Führer der schiitischen Daawa-Partei. Wurde 2007 irakischer Ministerpräsident und befürwortet sehr unsere Arbeit.

al-Saadi, Essam: Schiite, ehemaliger Rechtsanwalt, heute Generalsekretär des „Irakischen Friedensinstituts" und Mitarbeiter des nationalen Sicherheitsberaters *Dr. Mowaffak al-Rubaie*. Zusammen mit *Samir Raheem al-Soodani* mein engster Mitstreiter im Irak.

al-Soodani, Samir Raheem: Ehemaliger Rechtsanwalt, der in Bagdad direkt nach dem Krieg mein Fahrer war und meine rechte Hand im Irak wurde, erst für das Internationale Zentrum für Versöhnung in Coventry und dann als der Irak-Direktor der FRRME. Er übersetzt auch für mich und ist mit *Essam al-Saadi* mein wichtigster Mitstreiter im Irak.

al-Sadr, Ayatollah Hussein: Der höchste Schiit in Bagdad, ein alter Freund von *Dr. Mowaffak* und mein engster religiöser Verbündeter im Irak. Besuchte 1999 Amerika und Großbritannien, wo ich erfuhr, wie viele aus seiner Familie von Angehörigen der Baath-Partei umgebracht worden waren; erst später erfuhr ich, wie grausam er selbst gefoltert worden war. Ein Mann von großer Heiligkeit und Weisheit, war er der „Vater" des „Bagdader Religionsabkommens" von 2004 und bereitete *Scheich Dr. Abdel Latif* bei dessen Rückkehr in den Irak einen herzlichen Empfang.

al-Sadr, Muqtada: Sohn eines Großayatollahs, der 1999 von den Schergen Saddams ermordet wurde, und Neffe meines Freundes *Ayatollah al-Sadr.* Befehlshaber der größten Miliz im Irak, der schiitischen Mahdi-Armee, die ein mächtiger Gegner sowohl der Koalition als auch von al-Qaida ist. Sein Hauptsprecher, *Scheich al-Ubaidi*, stieß 2008 in Kairo zu uns und ist seitdem ein wichtiger Verbündeter.

al-Sistani, Großayatollah Ali: Der höchste der fünf irakischen Großayatollahs und der mächtigste Mann im Land; wie seine Sprecher meinen Kollegen sagten: „Wir sind die Regierung." Er wohnt in der heiligen Stadt Nadschaf und empfängt keine Ausländer, soll aber unserer Arbeit sehr gewogen sein. Er unterstützte 2006 die „Erklärung von Mekka". Sein Hauptsprecher *Ayatollah Abu Ragif* war einer der Verfasser der sunnitisch-schiitischen Anti-Gewalt-Fatwa von 2008.

al-Ubaidi, Scheich Salah: Hauptsprecher von *Muqtada al-Sadr*. Stieß 2008 in Kairo zu uns und ist seitdem ein Schlüsselverbündeter, obwohl er die sunnitisch-schiitische Fatwa gegen die Gewalt nicht unterzeichnete.

al-Zuhairi, Scheich Abdelhalim Jawad Kadhum: Der Vorsitzende der Versammlung sunnitischer und schiitischer Gelehrter, die 2006 die „Erklärung von Mekka" unterzeichneten, und religiöser Berater von *Nuri al-Maliki*, seit dieser Ministerpräsident ist. Arbeitet seit 2007 mit uns zusammen und war einer der vier Verfasser der sunnitisch-schiitischen Anti-Gewalt-Fatwa von 2008.

Ayatollah: Bezeichnung für hohen Geistlichen des schiitischen Islam; besonders anerkannte Ayatollahs werden *Großayatollah* genannt.

Aziz, Tarik: Unter Saddam Hussein der stellvertretende Ministerpräsident des Irak. Lud mich 1999 erstmals ins Land ein.

Aziz Mohamed, Samia: Schiitische Faili-Kurdin, die die Arbeitsgruppe des „Irakischen Friedensinstituts" über Frauen, Religion und Demokratie leitete und Abgeordnete des neuen irakischen Parlaments wurde.

Baath-Partei: Partei von Saddam Hussein. Regiert in Syrien, hat Ableger auch in anderen arabischen Ländern. Im Kern weltlich.

Bennetts, Colin: Bischof in Coventry, England.

Bremer, Paul: Von Mai 2003 bis Juni 2004 der amerikanische Zivilverwalter im Irak.

Cambridge Inter-collegiate Christian Union (Ciccu): eine Art Studentengemeinde der verschiedenen Colleges der Universität Cambridge/GB.

Carey, Dr. George (später Lord): 1991-2002 Erzbischof von Canterbury und damit höchster Geistlicher der Anglikanischen Weltkirche. 2002 in den Adelsstand erhoben. Einer der beiden Leiter des Gipfeltreffens, das 2002 zur „Alexandria-Erklärung“ führte. Schickte mich im gleichen Jahr nach Bethlehem, als die Geburtskirche belagert wurde. Ein überaus freundlicher, weiser Mann, der ein echter Freund wurde. Zuerst Vorsitzender, später Schirmherr der „Stiftung für Hilfs- und Versöhnungsarbeit im Nahen und Mittleren Osten“ (FRRME).

Chance, Alex: Projektassistent von Andrew White.

Cowper-Coles, Sherard: britischer Botschafter in Israel.

Crooke, Alastair: britischer Sicherheitsberater.

Daawa-Partei (oder: al-Da'wa-Partei): eine der großen schiitischen Parteien im Irak; Vorsitzender der ehemalige Ministerpräsident Ibrahim al-Jaafari.

el-Assad, Bischof Riah Abu: anglikanischer Bischof von Jerusalem und dem Nahen Osten.

El Samman, Dr. Ali: ehemaliger Diplomat, heute Berater von *Scheich Muhammad Sayed Tantawi*, dem Großimam an der al-Azhar-Moschee in Kairo.

Graham, Billy: amerikanischer Baptistenpastor, Prediger und Erweckungsprediger. Wohl einer der einflussreichsten Christen des 20. Jahrhunderts.

Hamburger, Shmueli: Oberst d. R., Mitarbeiter des israelischen Ministeriums für religiöse Angelegenheiten.

Handford, Clive: ehemaliger Bischof von Zypern und der Golfregion.

Heflin, Schwester Ruth: Leitete eine charismatische Gemeinde in Jerusalem und prophezeite, dass es Andrew Whites Berufung sei, den Frieden für Jerusalem und den Nahen und Mittleren Osten zu suchen.

Hoyt, Colonel Mike: 2006-2007 ranghöchster US-Militärgeistlicher im Irak und ein Kollege in der vom Pentagon finanzierten Arbeit des „Irakischen Religionskongresses".

Hylton, Lord Rymond: Mitglied des britischen Oberhauses und Vorsitzender der „Stiftung für Hilfs- und Versöhnungsarbeit im Nahen und Mittleren Osten" (FRRME).

Imam: Vorbeter beim islamischen Gebet.

Internationaler Rat der Christen und Juden (ICCJ): Internationale Initiative für Dialog und Zusammenarbeit von Juden und Christen; dort war Andrew White in der Leitung der Jugendsektion.

Irakischer Religionskongress (Iraq Inter-Religious Congress; II-RC): 2007.

Irakisches Friedensinstitut (Iraqi Institute of Peace; IIP): 2004 gegründete Organisation für Frieden und Versöhnung im Irak. Der erste Vorsitzende wurde Dr. Mowaffak.

Irakisches Zentrum für Dialog, Versöhnung und Frieden (Iraqi Center for Dialogue, Reconciliation and Peace, ICDRP), umbenannt in: *Irakisches Friedensinstitut* (Iraqi Institute of Peace, IIP).

Ishaq, Hanna: Ein Mann in Jerusalem, der länger mit mir zusammengearbeitet hat als sonst jemand, erst für das Internationale Versöhnungszentrum in Coventry, danach für meine „Stiftung für Hilfs- und Versöhnungsarbeit im Nahen und Mittleren Osten" (FRRME).

Jesiden: Alte Religionsgemeinschaft im Nordirak, die einen Engel verehrt, der auch *Shaytan* genannt wird. Von den Muslimen zu Unrecht als Teufelsanbeter verdächtigt. 2007 kamen bei zwei koordinierten Selbstmordattentaten fast 800 Jesiden ums Leben.

Kay-Shuttleworth, Tom: Einer meiner englischen Assistenten.

Koalition oder *Koalitionsübergangsverwaltung im Irak* (Coalition Provisional Authority, CPA): Die internationale (aber stark amerikanisch dominierte) Administration, die den Irak von Mai 2003 bis zur Übergabe der Souveränität im Juni 2004 verwaltete.

Latif Humayem, Scheich Dr. Abdel: Saddam Husseins persönlicher Imam, unter den Sunniten im Irak nach wie vor sehr einflussreich. Besuchte 1999 Amerika und Großbritannien. Flüchtete nach dem Krieg nach Jordanien, wo er heute noch wohnt. Kehrte 2004 kurz in den Irak zurück, wo *Ayatollah al-Sadr* ihn herzlich begrüßte, floh aber erneut, als die Entbaathifizierungskommission sein Vermögen beschlagnahmte. 2007 brachte er mich mit einem Mitglied von al-Qaida zusammen. Einer der Verfasser der sunnitisch-schiitischen Anti-Gewalt-Fatwa von 2008.

Maki, Peter: Der junge Amerikaner, der 2005-2007 Projektleiter der „Stiftung für Hilfs- und Versöhnungsarbeit im Nahen und Mittleren Osten" (FRRME) war.

Mandäer: Gnostisch-manichäistische Religion, die sich auf Jünger Johannes' des Täufers bezieht.

Melchior, Rabbiner Michael: Stellvertretender israelischer Außenminister (2001-2002) und Oberster Rabbiner von Norwegen. Einer meiner engsten Freunde und Mitstreiter für den Frieden, den ich 2001 kennenlernte, als er den später so genannten Alexandria-Prozess vorschlug. Der orthodoxe Jude führte in Alexandria die jüdische Delegation an und schmiedete eine Allianz (und Freundschaft) mit *Scheich Talal Sidr*. Zusammen mit ihm und *Patriarch Michael Sabbah* erhielt er 2002 den „Internationalen Coventry-Preis für Frieden und Versöhnung".

Mowaffak al-Rubaie, Dr.: Ein alter Freund von *Ayatollah al-Sadr*, den ich 1999 in London kennenlernte, wo er im Exil als Neurologe arbeitete. Nach dem Krieg holte *Paul Bremer* ihn in den neuen Irakischen Regierungsrat und gab ihm einen Fünf-Jahres-Vertrag als Berater für nationale Sicherheit. Er ist mein Hauptberater, einer meiner engsten Freunde und Verbündeten im Irak und der erste Vorsitzende des „Irakischen Friedensinstituts". 2008 erhielt er den „Preis für Frieden im Nahen Osten" der „Stiftung für Hilfs- und Versöhnungsarbeit im Nahen und Mittleren Osten" (FRRME).

Mu'alem, Erzbischof Boutros: melchitischer (griechisch-katholischer) Erzbischof von Galiläa.

Mukhabarat: Das arabische Wort für „Nachrichtendienst"; Name des Geheimdienstes von Saddam Hussein.

Oestreicher, Dr. Paul: Deutsch-britischer Pfarrer, Pazifist und Kirchendiplomat. Leitete 13 Jahre lang das Internationale Versöhnungszentrum der Kathedrale von Coventry. Vermittelte an ungezählten Krisenorten der Welt, u.a. befreite er politische Häftlinge in der DDR. Seit 1998 im Ruhestand, wirkt er für den Wiederaufbau der Dresdener Frauenkirche.

Petraeus, General David: Von Januar 2007 bis September 2008, als er die „Neue Strategie" einleitete, der amerikanische Befehlshaber der multinationalen Streitkräfte im Irak. Seit Okt. 2008 Kommandeur des US-Generalkommandos im Irak.

Ragif, Ayatollah Ammar Abu: Einer der höchsten Mitarbeiter des *Großayatollah al-Sistani*; er steht noch zwei weiteren der vier Großayatollahs des Irak nahe. Seit er 2007 in Kairo zu uns stieß, ist er ein wichtiger Verbündeter sowie ein Freund von *Scheich Dr. Abdel Latif*. Einer der vier Verfasser der sunnitisch-schiitischen Anti-Gewalt-Fatwa von 2008.

Rat der Christen und Juden (CCJ): Initiative zu Dialog und Zusammenarbeit von Juden und Christen in Großbritannien.

Rudeineh, Nabil abu: Persönlicher Berater des verstorbenen Präsidenten der Palästinensischen Autonomiebehörde, *Jassir Arafat.*

Sabbah, Michael: Der Lateinische Patriarch von Jerusalem. Ein israelischer Araber, der in Alexandria die christliche Delegation anführte. Er erhielt zusammen mit *Rabbiner Melchior* und *Scheich Talal Sidr* 2002 den „Internationalen Coventry-Preis für Frieden und Versöhnung".

Sada, Georges: Ehemaliger Generalmajor der irakischen Luftwaffe und überzeugter Christ; ich lernte ihn 1999 in Bagdad kennen. Er war im Irak meine rechte Hand, bis er 2005 im neuen irakischen Verteidigungsministerium gebraucht wurde. Erster Generalsekretär des „Irakischen Friedensinstituts".

Sainsbury, Lady Susie: Vorsitzende der „Anglo-Israel Association".

Salim, Wijdan Michael: Wichtiges Mitglied der irakischen Regierung; zurzeit Ministerin für Menschenrechte. Eine chaldäische Katholikin, die eine sehr gute Freundin geworden ist.

Sawers, John: Britischer Diplomat, der als Botschafter in Ägypten eine Schlüsselrolle im Alexandria-Prozess spielte. Ich arbeitete 2003 erneut mit ihm zusammen, als er der britische Sonderbevollmächtigte im Irak war. Er ist heute der britische Botschafter bei den Vereinten Nationen.

Scheich: Heute Titel für führende religiöse oder geistige Persönlichkeit des Islam.

Sidr, Scheich Talal: Ehemaliger Mitgründer der Hamas; dann Minister in der Palästinensischen Autonomiebehörde, der in Alexandria die muslimische Delegation anführte. Er schmiedete eine wichtige Allianz (und Freundschaft) mit *Rabbiner Melchior*; zusammen mit ihm und *Patriarch Sabbah* erhielt er 2002 den „Internationalen Coventry-Preis für Frieden und Versöhnung". Er starb 2007.

St. George's Church: irakische anglikanische Gemeinde in Bagdad, deren Pfarrer Andrew White ist.

Sternberg, Sir Sigmund: Vorsitzender des „Internationalen Rates der Christen und Juden".

*Stiftung für Hilfs- und Versöhnungsarbeit im Nahen und Mittleren Osten (*Foundation for Relief and Reconciliation in the Middle East; FRRME): die Organisation, die meine Arbeit vor allem trägt.

Tamari, Salah: Ehemaliger Befehlshaber der PLO, dann ein Mitglied des Palästinensischen Legislativrates. Führte das erste palästinensische Verhandlungsteam während der Belagerung der Geburtskirche. Ist heute Gouverneur von Bethlehem.

Tantawi, Scheich Muhammad Sayed: Großimam der al-Azhar-Moschee in Kairo und damit die höchste Autorität des sunnitischen Islam. Neben *George Carey* der Leiter des Religionsgipfels, der zur Alexandria-Erklärung von 2002 führte.

US-Kapelle: Gemeinde der ausländischen Militärangehörigen im Irak im ehemaligen Präsidentenpalast von Saddam Hussein, Bagdad.

Zeevi, Rehavam: ermordeter israelischer Minister für Tourismus, Politiker, General und Historiker.

Wichtige Abkürzungen

FRRME = Stiftung für Hilfs- und Versöhnungsarbeit im Nahen und Mittleren Osten – Foundation for Relief and Reconciliation in the Middle East

ICDRP = Irakisches Zentrum für Dialog, Versöhnung und Frieden (Iraqi Centre for Dialogue, Reconciliation and Peace); Vorgänger des Irakischen Friedensinstituts (IIP)

IIP = Irakisches Friedensinstitut (Iraqi Institute of Peace)

II-RC = Irakischer Religionskongress 2007 (Iraq Inter-Religious Congress)

Liste wichtiger Dokumente

Erste Erklärung von Alexandria der religiösen Oberhäupter des Heiligen Landes (First Alexandria Declaration of the Religious Leaders of the Holy Land) von 2002. Erklärung gegen die Gewalt in Israel/Palästina.

Bagdader Religionsabkommen (Baghdad Religious Accord) von 2004 und 2007, Vereinbarungen für Frieden und Versöhnung im Irak (fußen auf der Erklärung von Alexandria)

Erklärung von Mekka: 2006 unterzeichneten sunnitische und schiitische Religionsgelehrte eine Erklärung, nach der Selbstmordattentate und Anschläge auf heilige Stätten Sünde sind.